NF文庫
ノンフィクション

石原莞爾が見た二・二六

早瀬利之

JN130961

潮書房光人新社

はじめに

陸軍将校たちによる二・二六事件は、海軍将校による昭和七年の五・一五事件に遅れをとったクーデター未遂事件で、動機も手段も違った。

五・一五事件は、海軍にとっては死活問題を抱えた状況下で起きた。昭和五年一月二十一日に始まり、翌六年四月二十二日で終わったロンドン軍縮会議では、主力艦のワシントン条約同様、巡洋艦、駆逐艦など補助艦の対英米比率が六割という結果になり、海軍内では不満が残った。「せめて七割で力は五分五分」と決めて出発した使節団は、何ひとつ得るものはない。「ただ、豪遊を楽しんで戻っただけだ」との非難が広がった。

ついには、条約担当の軍令部参謀の草刈英治少佐が財部彪《たけし》大臣に抗議、切腹するとの事件に発展する。また軍令部次長の末次信正が「これではやって行けない」と抗議したため、次長職を解かれた。上司の軍令部長の加藤完治大将は天皇に上奏しようとしたが、侍従長の鈴木貫太郎に止められ、軍令部の声は天皇に届かなかった。鈴木もまたルールを破り、統帥権を干犯したわけで、禍根を残し、陸軍将校による二・二六事件の標的となる。

間もなく加藤軍令部長は自ら辞任し、ここに浜口雄幸内閣は軍備縮小、緊縮財政に道筋をつくり、政党内閣の勝利となる。だが若い将校たちの憤りを買ったのは、女房を同伴して出かけた財部海軍大臣のアホぶりで、東郷平八郎元帥も伏見宮博恭王も「なんということか」と財部をとっちめる一幕もあった。結果的には軍縮会議の専門委員・草刈参謀の切腹、末次の左遷、加藤の辞任と、軍令部トップが抗議して去るという大事態になる。

国内は大不況で、東北農村は疲弊し、娘を身売りする農家まで現われ、貧富の差が極端だった。五・一五事件の首謀者の一人、三上卓中尉は昭和五年、「青年日本の歌」の中で、「財閥富を誇れども、社稷《しやしよく》を念《おも》う心なし。あゝ人栄え国亡ぶ、盲《めし》ひたる民、世に踊る」と嘆き悲しんでいる。そしてこの十節に及ぶ詩の中で、初めて「昭和維新の春の空、正義に結ぶ益良雄《ますらお》が、胸裡百万兵足りて、散るや万朶《ばんだ》の桜花」と、「昭和維新」と位置づけた。

二年後の五・一五事件は、こうした時代背景の中で海軍魂を打ち込む維新の魁《さきがけ》だった。しかも二・二六事件と違い、民間人の援助を受け、みずからの手で、時の総理大臣一人の命を狙い、反省を促した。

昭和七年三月二十四日、海・陸の四回目の会合で、古賀は陸軍にも蹶起《けつき》を求めた。これに対し、麻布歩兵三連隊の安藤輝三中尉（当時）、村中孝次中尉らは時期尚早と拒否、反対に出た。同席した戸山陸軍学校の剣道教官（五段）相沢三郎少佐の「直接行動はいかん」のひとことで、陸海の将校は物別れになる。

その日から二ヵ月と九日後に五・一五事件が、また五・一五事件から三年と九ヵ月後の昭和十一年二月二十六日、安藤大尉（九年三月大尉）、野田四郎大尉、同香田清貞・元大尉村中孝次以下陸軍の中・少尉二十二名、下士官・兵約千四百名がクーデターを起こした。五・一五事件前夜、「裏切り者」として川島長春に六発の弾丸を撃ち込まれ、九死に一生を得た元陸士三十八期の西田税ら右翼も、若干加わった。

しかし参加した近衛師団の歩兵三連隊、第一師団の歩兵一連隊、三連隊の兵たちは何も知らされていない。石原莞爾が激怒したのは、何も知らない兵を引きずり込んだことである。

当時参謀本部作戦課長の石原莞爾大佐は、電話で事件を知った二十六日早朝、まず「兵隊を軍旗の下に集めろ！　陛下の軍隊を私するとは何事か！　不届き千万な奴らだ！」と怒った。

五・一五事件のときはまだ満州の関東軍作戦課長だった。六年の九月十八日は満州事変を断行し、翌年三月には、満州国を建国した。満州国を成立させたあとの七年五月は、満州国内の政治、経済、軍備など諸問題に取り組んでいる最中だった。

「海軍将校が犬養毅首相を襲って死なせた」との報《しら》せを受けたときは、彼らに同情している。

だが、昭和十三年の二・二六事件当時は、ちょうど国策の日満産業五ヵ年計画に取り組んだ矢先だった。そこで岡田啓介首相・高橋是清蔵相、斎藤実内大臣、鈴木侍従長ら重臣が襲撃される。このため、石原は国家百年計画の第一歩のところで、躓《つまず》いてしまった。

石原は首謀者たちの動機と目的が理解できぬばかりか、何も知らされていない兵隊たちが雪の日の早朝に叩き起こされ、彼らを使ってクーデターを起こしたことが許せなかった。

五・一五事件を起こした海軍将校は大川周明など民間人の金を使い、武器を購入し、同志だけで蹶起した。

二・二六事件は陛下の武器、兵隊を使って、一部同志が、春の異動で満州へ第二師団（仙台）と入れ代えで渡満する前に、皇道派の真崎甚三郎大将内閣を造ろうと蹶起したもので、五・一五事件とは動機、手段はまったく違った。しかも陸軍将校たちは、昭和五年に作詞した三上の「青年日本の歌」を「昭和維新の歌」として謳歌した。

「昭和維新」を柱とした国策を打ち出したのは、参謀本部作戦課長に就任して間もない石原大佐である。石原は満州国の経営と対ソ国防、空軍の充実、軍隊教育の革新などを積極的に進めて「維新の先駆け」とした。首相ほか重臣を暗殺し、皇道派首相を担ぎ出そうとした安藤、野中、西田らの昭和維新とはまったく違った。首相を変えれば国防国策がなし遂げられるという着想は、花火を打ち上げた橋本欣五郎大佐らの十月事件と大差はない。むしろ引き継いだ形である。

参謀本部は、宮崎正義（元満鉄調査員）らを起用し、「日満財政経済研究会」を立ち上げて、満州の重工業開発により、陸軍五十個師団、航空兵団百四十中隊（一中隊は九機）、海軍は主力艦十二隻、空母十隻、巡洋艦二十八隻、水雷戦隊六隊、潜水戦隊七十隻、航空六十五隊と、立ち遅れている軍備強化の目標を立てたばかりだった。

以下、石原サイドから見た「二・二六事件」に切り込んでみる。

石原莞爾が見た二・二六——目次

第三部

第九章――責任のとり方

第十章――それぞれの朝

石原莞爾が見た二・二六

第一部

第一章――予兆

陸軍将校、海軍案を断わる

霞ヶ浦海軍航空隊の生徒、古賀清志中尉と中村義雄中尉が、陸軍将校の安藤輝三（陸士38期）、大蔵栄一（37期）両中尉を訪ねたのは昭和七年三月十三日である。

古賀と中村は、教官の源田実に気づかれないように、実技訓練が終わった土曜の午後から は、私服に着がえて土浦へ出た。この日は東京に出て、頭山秀三の天行会道場を訪ね、第二弾計画で相談し、同時に十一日に井上日召が自首したため第一次計画が実行不能になった経緯を聞く。

その足で、麻布の第一師団歩兵三連隊（以下歩三）の安藤輝三、大橋中尉と会い、第二弾計画を打ちあけ、一緒に蹶起《けっき》してくれないか、と頼んだ。

ところが、安藤ははっきりした返事はしなかった。それでも古賀と村中は安藤と大橋に、陸軍士官学校の候補生たちとの連絡方を頼んだ。

すると安藤は、

「候補生たちは焦っているから、あまり煽動してくれるな。二十日に歩兵三連隊の自分のところで、陸軍側同志の会合があるが、そこに候補生たちも出ることになっている。その時に来てくれ」と言って、古賀、中村と別れた。

三月二十日は日曜日である。

古賀と中村は土浦から東京に出て、歩三に出かける。候補生を教育指導した機関銃隊の菅波三郎中尉は、第一次上海事変で出動中だった。

菅波は、陸戦隊本部で、三上卓中尉、大庭春雄少尉、村上格之少尉などと会って探るが、三上卓は五・一五事件の計画については、ついに口外しなかった。

「隠していたんだな」

後日、彼は「文藝春秋」での対談で語っている。

菅波中尉は六年八月、鹿児島の四十五連隊から東京第一師団歩三連に転属し、七年三月に上海へ出動する。菅波は陸軍士官学校本科在学中の大正十四年五月、謄写版刷りの、北一輝の『日本改造法案大綱』を一期後輩の小島龍己からもらい、それを読んだあとの七月二十日、千駄ヶ谷の北一輝を訪ねて会い、改造法案の趣旨を聞き、傾倒した。

彼は七月末に卒業して見習士官となり、三ヵ月後、鹿児島の連隊で少尉に任官した。それでも年末年始の休日を利用して上京し、大川周明が安岡正篤や満川亀太郎と共に日本主義鼓吹のため設立した教育機関「大学寮」（麴町区旧本丸跡）に西田税《みつぐ》を訪ね、国体論を聞き、目からウロコである。

この時のことを、東京地方労働委員の鮫島健男との対談（昭和五十二年、文藝春秋三月号）でこう語っている。

「――まず政権が一人にめざめた君主国時代、次いで政権の覚醒が諸侯階級に拡張された貴族国時代、さらに明治維新によって貴族階級のみに独占された政権を否認して民主主義に到達し、ここに民主国として第三期の進化に入った。今や国家に主権があり、統帥権の本体は国家そのものであり、天皇は統帥権を行使する立場に立つ。今日の天皇は国家の特権ある一分子として、国家の目的と利益の下に活動する国家機関の一つである。天皇と議会とが一つになって国家の最高機関を形成する。これが明治憲法下における本当の姿でなければならない。

だから、君の為に、ではなくて、国の為に、でなければならない、というんです。（中略）北氏の国体論は危険思想だとして当局に睨《にら》まれ、直ちに発行発売を禁止されました。このような純理正論が討殺されるということが、後年二・二六を生む遠因となるのです」

菅波は鹿児島で初年兵の教育に当たっていた。昭和六年八月の異動で、なぜか、麻布の第一師団歩兵三連隊に移る。これは稀な、訳ありの異動として、今日もナゾのままである。

当の本人も、第六師団長（熊本）の荒木貞夫中将が、自分の勢力を伸ばすため、鹿児島四十五連隊から歩兵三連隊に連れ出した、という説が流れていて、色々な本にも描かれている。そのことに対して、自分でも分からないと、鮫島との対談の中でこう語っている。

「――隊務に熱心で意気盛んな青年士官として荒木師団長の目にとまったかも知れない。しかし荒木中将自身の勢力拡張のためだなんて、そんな不純な利己的なことではなかった。連隊（四十五連隊）には終戦時の陸軍大臣だった阿南惟幾《これちか》中佐があり、陸軍省人事局補佐課長の岡村寧《やす》次《じ》大佐、それに歩三連隊長山下奉文大佐などの話合いで転任になったんだと思います。目的は陸大受験。ところが私は陸軍大学が大嫌いなんです。昭和六年といえば、三月事件、満州事変、十月事件と大動乱が相次ぎ、その只中に飛び込むわけですから、私は、よき時こそござんなれと、内心密かに勇躍して上京しました」

菅波不在の六年三月二十日、歩三を訪ねた古賀と中村に面会したのは、菅波の教え子で、候補生を代表した坂元兼一である。歩三の会合場所には安藤、村中孝次、それに相沢三郎少佐もいた。

坂元兼一は宮崎県飯野村の酒雑貨商の長男として生まれ、都城中学から熊本幼年学校を経て士官学校に進む。しかし、病気のため一年遅れる。彼は航空兵志望だったが、採用されなかった。

軍法会議の公判では、動機と原因について「国体観念の頽廃《たいはい》此処に極まれりと言うべきだ。最高学府を出た閣僚に議会に於て述べ行なう処は見るに堪えぬ醜状だ」と述べ、五・一五事件にいたる海軍側との連絡経緯を語った。

坂元の陳述によれば、七年三月二十日正午頃、同志の代表として麻布三連隊で古賀、中村中尉と会う。同席者は安藤、朝山小二郎、村中、相沢三郎少佐。

中村が「海軍側は近く蹶起《けつき》する。陸軍側も覚悟してもらいたい」と言うと、陸軍側は黙って反応せず、むしろ拒否反応に出る。そのうちに相沢少佐が、

「直接行動はいかん」と、止めに入った。

すると中村は、「場合によっては海軍だけで決行する。外道になるのも止むをえぬ」と強行姿勢を見せる。この空気を読みとった坂元が、中村を別室に誘い、

「私は中尉の意見に賛成です。私たちも一緒に加えて下さい。学校にはなお十名の同志もいますから、明日会ってくれ」と頼んだ。

翌二十一日は春分の日で祝日。一日たりとも霞ヶ浦航空学校の訓練を休めない二人は、翌二十一日、大久保百人町の空家で、古賀、中村は陸軍士官学校生十一名と会見。そこで海軍に決行参加を申し合わせ、具体的な計画は二十七日に打ち合わせることになった。

二十七日は日曜日。坂元の下宿三省舎（鹿児島県人用）で古賀、中村と陸軍学校生徒十一名が会合した。そこで古賀は、「首相を暗殺して、戒厳令を敷き、工業倶楽部、華族会館の襲撃組は権藤成卿を擁して陸相官邸に至り、国家改造の衝に当たる。
民政党、政友会本部襲撃組は襲撃後、血盟団員を刑務所より救い出し、行動妨害を排除するため一隊を組織する」と具体的な話をした。

大川周明、六千円の資金と拳銃五梃を渡す

ここに言う「血盟団員」とは、七年二月九日、日銀総裁、のち蔵相井上準之助を暗殺した小沼正（無期懲役）、七年三月五日、三井合名理事長団琢磨を射殺した菱沼五郎（無期懲役）、二人に暗殺を指示した井上日召（無期懲役）、同志の四元義隆（東大生、懲役十五年）、同古内栄司、懲役八年の池袋正釟郎以下八名である。

古賀と中村は血盟団員解放を伝えた。しかしついに、陸軍将校の安藤、村中、相沢らは、海軍に協力しなかった。

もっとも、陸海軍、民間の第一回の顔合わせは昭和五年十二月二十八日、福岡県の香椎温泉で行なわれている。九州方面の同志の結合を図ることを目標としたもので、海軍側からは藤井斉を始め三上卓、古賀、村山格之、陸軍側からは菅波中尉、民間人からは井上日召、四元義隆、九大教授の大久保春雄。

啓蒙運動をやるつもりでいたが、井上日召の「時期尚早」が出て、決起日時は決められずに終わっている。

菅波と三上は、この時が初対面だった。

第二回目は満州の関東軍が満州占有のため血まなこで作戦を練っている最中の六年八月二十六日、東京の神宮外苑青年館で行なわれた。海軍側から藤井、三上、古賀、中村、陸軍側からは安藤、香田清貞中尉、村中、大蔵栄一中尉、民間人から西田税（陸士38期・退役）、愛郷塾の橘孝三郎、井上日召である。

この会合が、これまでは個人的に接触していたのを、陸・海・民間人の団体として、中央に本部を置き、地方に支部を置くことを申し合わせた。陸軍側ではこれを「郷詩会」と名づけた。代表者は海軍側は藤井斉、山岸宏が中央との連絡係となる。陸軍側は関東地方が菅波中尉、東北を大岸頼好、九州を東昇、朝鮮は片岡太郎、中央本部は西田税とした。血盟団、五・一五事件、二・二六事件の主要メンバーが一堂に会談した。

古賀と中村、それに三上が陸軍の第一師団歩三の安藤輝三中尉と対面するのはこの時が初めてで、互いに七年四月から五月中旬頃の蹶起に向けて極秘計画に入っている。

彼らは、古賀、三上が中心となって国家改造運動を持ちかけ、動機を語る。

「日本の政党は私利私欲そのものであり、内閣更迭のときは一巡査まで更《か》えるごときは実に遺憾である。また選挙に際しては財閥の援助を受ける。財閥はユダヤ人よりも甚《はなは》だしい。満州事変が勃発して国家非常の時に、果たして何をしたか。国民を壟断《ろうだん》し、私利を図ったのみではないか。貧富の差異を甚だしくし、悪思想の原因を作っている。政党の墮落も、また財閥の罪である。日本の政界浄化の上にも財閥を制裁することが断然必要である」

また三上は、

「革命と維新とは同意義である。支那及び英米のややこしい議論は必要ない。日本国体に即し日本人としての充分なる検討をすればそれで充分。吾々の維新革命は天皇親政、君民一如の国政を施くため、あらゆる社会悪を清算し、これを実践の上に確立することである。天皇の大御心に背《そむ》いたる行為をとる者には、政治家、財閥、軍閥のいずれたるを問はず排撃しなければならぬ。これ故、天皇治下に於ける吾々の行動は右傾にあらず、左傾にあらず、共産主義は勿論《もちろん》排すべきだが、注意すべきはこの反対に立つファシズムが右翼的色彩と民族性を高調する点を取り、是認し、日本を救うのはただファシズムしかない、と考えるヤツのあることだ。これは大なる誤謬《ごびゅう》で、ファシズムは日本の歴史に鑑《かんが》みても、断じて許すべからざる思想である。

ファシズムが国利民福を図らず、ただ権力に頼って横暴を働くことはすでに試験上歴史済み。明治初年の薩長藩閥政治はこれが典型である。

日本にはこの権勢をもとにしたファシズムを容《い》れる余地はない。しかるに思想上に漲《みなぎ》っている根源は陸軍至上主義にある。即《すなわ》ち陸軍意識とも言うべく、その元兇は宇垣一成だ。

私は陸海軍を対立させることで解決させようとは思わないが、利欲、権勢に左右される支配者が上にある時は、国政は乱れ、国民は塗炭の苦しみを受け、外国の侮《あなど》りを受ける。国家はなかなか滅亡するものでない、との気休め的考えをもって我々のやるのを余計なことと考えるのは間違い。悪は飽くまで排せねばならない」（公判での、革命の意識説明）
という意味のことを、説いただろう。

この頃は、まだ手段も日時も決めていなかったが、ほとんど毎週日曜日に、会合をもった。

しかし、「日本国家改造論」を主張した北一輝は、昭和七年に入ると三井財閥から、情報料として毎年二万円の金を貰《もら》っていたうえ、政友会の森恪から六年十二月に五万円を受領することになるが、三上も古賀も菅波、安藤も、まだそのことを知らない。

その頃、北一輝が西田税に連なる革新青年将校の熱気を巧みに利用して、三井財閥から大金をとっていたことは、陸軍の二・二六事件後に明らかになる。

結局、菅波が鹿児島連隊に引き戻されたあとを安藤、磯辺らが中心になって引っ張って行くが、彼らは海軍には「時期尚早」として協力しなかった。

だが、菅波の影響を受けた、市ヶ谷の士官学校の士官候補生十二名のみが、古賀、三上らに呼応して「国家改造」革命に蹶起した。

安藤、村中など陸軍将校たちに断わられた三上、古賀、中村、山岸らは単独で、第一次から第五次まで、慎重に計画を立てた。

資金は四月三日、大川周明から六千円を受けとる。他に拳銃五梃、実弾百五十発も。四月十七日から下旬にかけて本間憲一郎より合計拳銃六梃、実弾若干を受領した。

チャップリン暗殺計画

九州では三上卓が手榴弾、拳銃を入手した。東西合わせ合計で手榴弾二十一個、拳銃十三梃、実弾数百発を蒐集《しゅうしゅう》した。本隊は海軍側と士官候補生同志、それに明大生の奥田秀夫で構成。橘孝三郎一派の農民同志をもって別働隊とした。

第一次計画は三月二十八日、厳しい訓練後に土浦の大和屋旅館で練った。作戦は全員を六組に分け、第一段では首相官邸、牧野内府邸、華族会館、工業倶楽部、政友会本部、民政党本部の六ヵ所を襲撃する。

第二段では三組に分かれる。一組は東郷元帥邸に行って東郷元帥を宮中に参内させ、お伴をする。二組は権藤成卿（農本主義思想家）を荒木陸相官邸に連れて行く。三組は刑務所を襲って血盟団員を開放させる。

第二次計画。

古賀と中村は四月一日、土浦の愛郷塾の後藤圀彦を訪ねて第一次計画を打ち明ける。計画は橘孝三郎に伝わる。ところが、横須賀の山岸、佐世保の三上の提案で「議会を襲撃し、一挙に戒厳令に導こう」と変更する。これには橘孝三郎の民間人が議会開会中に入って爆弾を投じ、その騒然としたところに陸海軍が外部から襲うという計画。

爆弾は血盟団の池袋が褌《ふんどし》の中に入れて入ればいいということで可能性はあった。国会に入るため、風見章代議士から傍聴券を橘が手に入れることにした。

ところがこの頃、計画を、西田税がうすうす感じとり、外に洩らされそうになった。西田は菅波不在中の隊付将校たちを把握していて、陸軍側に自重するように、参加を引きとめている。

古賀と中村は計画が洩れないため、日頃から西田と親しい血盟団員の川崎長光を使って決行の日に暗殺することにした。

第三次計画はチャップリンの来日に合わせての決行である。四月二十一日、二人はチャップリンが首相官邸の歓迎会に招かれるとの新聞情報に接し、チャップリンの暗殺を考えた。チャップリンを暗殺すれば、ロンドン軍縮会議で痛い目にあった日本海軍としては、日英米外交にヒビが入ればかなりのショックを与えられるだろう、との考えである。

ところが、日取りが分からず中断する。

第四次計画は五月一日に立てた。班を三つに分け、第一班は首相官邸、第二班は牧野内府邸、第三班は工業倶楽部。第一、第二両班はそのあと警視庁を襲い、憲兵隊に自首する。第三班は戒厳令を見極める。

かなり絞り込んだ作戦だが、山岸から尚早論が出る。しかし血盟団事件以来、海軍内部でも古賀、中村らは注意人物となっていることから、決行中止はできないと説得する。

その直後、佐世保の林正義中尉から「しばらく待て」との電報が届き、二人は強いダメージを受けてパニック状態になり、第四次を中止した。

古賀と中村は、計画が暗礁に乗りかかった状態のままでも、朝から夕方までの厳しい着陸訓練に励んだ。直接の教官である源田実にも、チーフ教官の小園安名少佐にも、彼らの計画はまったく見抜けなかった。

古賀と中村が焦ったのは、西田税の密告の恐れである。もしも陸軍の候補生が引き止められ、計画が漏れたときどうするかで悩む。

それでも万一のときは、二人で決行の腹を固めていた。彼は黒岩を通して三上と連絡をとる。

最終の第五次計画は五月十三日、金曜の夜、土浦の山水閣で行なわれた。決行日は五月十五日午後五時半（夕刻）、一斉蜂起と決定した。五時半という中途半端な時間にしたのは、士官候補生の門限の都合からである。

古賀は愛郷塾の後藤を別室に呼び、変電所襲撃は午後七時頃、三菱は本店でも銀行でも好きな方をやってくれと言って、使用する武器を渡した。

打ち合わせは夕方の七時に終わって解散した。その頃から、山水閣には海軍の将校や業者が部屋に上がってくる。彼らは入れ違うようにして山水閣を別々に出た。

翌十四日は、午前中のみの飛行訓練である。昼食後、古賀と中村は、いつものように校門をあとにし、タクシーで土浦駅に出た。そこから上野駅に出、三上たちと上野駅のプラットホームで合流した。

その夜、四人は呉服橋の旅館に投宿し、檄文《げきぶん》をガリ版で五百枚ほど印刷した。文章は三上がその場で書いた。

「日本国民に檄す。

日本国民よ！　刻下の祖国日本を直視せよ！　政治、外交、経済、教育、思想、軍事！いずこに皇国日本の姿ありや。政権、党利に盲《めし》いたる政党とこれに結託して民衆の膏血《こうけつ》を搾《しぼ》る財閥と更にこれを擁護《ようご》して圧制日に長ずる官憲と軟弱外交と堕落せる教育、腐敗せる軍部と悪化する思想と、塗炭に苦しむ農民、労働者階級と、しかして群拠する口舌の徒と！

日本は今やかくの如き錯綜せる堕落の淵にすでに死なんとしている。

革新の時機！　今にして起《た》たずんば日本は亡滅せんのみ。国民諸君よ、武器を執って！

今や邦家救済の道はただ一つ、『直接行動』以外の何ものもない。

国民よ！　天皇の御名において君側の奸《かん》を屠《ほふ》れ、国民の敵たる既成政党と財閥を殺せ！

横暴極まる官憲を膺懲《ようちょう》せよ！　奸賊、特権階級を抹殺せよ！　農民よ、労働者よ、全国民よ、祖国日本を守れ（中略）

日本の興亡は吾等決行の成否にあらずして、吾等の精神を持して続起する国民諸軍の実行力如何にかかわる。

起て！　起って、真の日本を建設せよ！

昭和七年五月十五日

陸海軍青年将校

農民同志」

彼らは徹夜して、ガリ版印刷し、各組に持たせて、各組ごとに集合した。

三上はまた詩人でもあった。彼は「青年日本の歌」を作詞し、自ら曲もつけて謡った。のちに「維新の歌」となる。その詩の一部を紹介する。

一、汨羅《べきら》の淵に波騒ぎ　巫山《ふざん》の雲は乱れ飛ぶ
混濁の世に我立てば　義憤に燃えて血潮湧く

二、権力上に驕れども　国を憂ふる誠なく
財閥富を誇れども　社稷《しやしよく》を念《おも》う心なし

三、あゝ人栄え国亡ぶ　盲《めし》ひたる民世に踊る
治乱興亡夢に似て　世は一局の碁なりけり

（後略）

昭和七年五月十五日午後五時。

第一組の三上卓、黒岩勇、山岸宏、村上格之は各自制服を着用し、檄文百枚を携帯して、

陸士候補生の後藤映範、八木春雄、石関栄、條原市之助、野村三郎と共に靖国神社境内に集合し、二台の車で首相官邸に向かい、午後に襲撃し、「話せば分かる」と制した犬養毅《つよし》首相に銃弾二発を浴びせて暗殺した。

第二組の古賀清志は軍服を着用し、檄文百枚を携帯して、陸軍士官候補生の坂元兼一、菅勤、西川武敏と共に午後四時三十分に高輪泉岳寺境内に集合し、牧野伸顕邸に手榴弾を二個投げて引き揚げる。

第三組の中村義雄は制服を着用し、檄文百枚を携帯して、陸軍士官候補生の中島忠秋、金清豊、吉原政巳と共に新橋に集合し、五時三十分頃、麹町の政友会本部内に入り、中村は手榴弾一個を玄関に投擲《とうてき》するが不発。二個目も不発。中島忠秋が一個を投擲、炸裂させる。五時五十分、東京憲兵隊に自首する。

第四組の奥田は、中村義雄より渡された手榴弾二個をもって丸の内の三菱銀行に行き、手榴弾一個を投擲、炸裂させ、外壁を損傷させた。

古賀らは車の上から檄文を路上に撒《ま》きちらし、蹶起の動機を知らせた。

また川島長光は、前日の十四日夜七時三十分、西田税に弾丸六発を撃ち込み、口止めした。

西田が殺《や》られた

三上、古賀ら海軍将校と共に蹶起した陸軍士官候補生たちの教官だった菅波三郎中尉は、昭和七年五月十四日の夜、上海を引き揚げて復員業務を終え、三省舎の下宿に帰ったばかりだった。

彼の帰りを待つかのように、歩三の大蔵栄一、明山小二郎両中尉が駆け込んできて、

「士官候補生の動静が怪しいから、彼らと会ってみてくれ」と頼んだ。

菅波はすぐに坂元兼一と会い、彼の下宿先で色々と世間話をして様子を窺《うかが》った。ところが蹶起する決意は固く、世間話を交わす。それに動揺している様子でもない。むしろ平静なので安心して別れた。しかし、十五日蹶起とは思わなかった。

菅波はそのあと、上京していた父親と長兄一郎（陸軍中佐）と三人で山下奉文の私邸に挨拶に出かけた。本人不在だったので辞退しようとしたところに、栗原安秀中尉からの電話がかかり、受話器をかりて耳に当てる。

「西田が殺《や》られた」との報《しら》せである。西田が川島に撃たれたのは夜七時三十分だから、その直後から八時頃であろう。

菅波は三宅の荒木陸相官邸に駆けつける。官邸の大広間には参謀本部二部長（情報）の永田鉄山と東京警備司令部参謀の、石原莞爾と陸士同期の樋口季一郎大佐がいた。

「お前がやらせたんだろう！」

永田が、いきなり怒鳴った。

教え子の生徒十一人が決行に加わった責任を追求されるが、彼は上海にいて何も知らない

し、指示もしていなかったことが分かり、そのまま無罪放免となる。

約ひと月後。湯河原で静養していた西田が東京に帰った。そのときに会い、川崎長光に撃たれたことを知らされる。西田と辻正信、堀場一雄らは秩父宮とは陸士で三十四期生。安藤は陸軍士官候補生のとき、軍事学教官の秩父宮の教え子に当たり、二人の仲は親密な関係にある。

菅波は無罪放免の身となるが、しかし彼は翌七月、今度は満州公主嶺の関東軍警備局付に飛ばされた。

昭和七年七月は、石原中佐は関東軍の作戦参謀で、国内問題と、リットン調査団の奉天入りで多忙だった。菅波が石原参謀に会った記録はない。

五・一五事件で海軍将校が犬養首相を暗殺し、牧野内府、三菱本館に手榴弾を投擲したとの情報は十五日夜、関東軍に届いていた。だが石原も他の参謀も板垣征四郎も、あまり気にかけなかった。彼らは、新しい満州国造りに情熱を燃やし続けていた。

彼らにとり、日本の事件など、気にもかけていなかった。第一、犬養毅首相とは会ったこともない。それよりも、つい二週間前の四月二十九日、上海新公園での天皇誕生祝賀会で、軍司令官の白川義則大将（元陸相）と海軍提督野村吉三郎大将、外務省の重光葵《まもる》公使が爆弾を投げつけられ、白川大将が即死した事件で多忙だった。

犯人は朝鮮人の二人のテロで、白川義則大将と河端貞源居留民団会長は即死、野村は片目を負傷、重光は片足切断という暗殺事件である。

この朝鮮人暗殺団は、四月二十日に大連入りしたリットン調査団にも爆弾を投げつけようとしていたところを、関東軍の警備兵に捕らえられていた。その一味が、上海公園での式典で投爆して大事件となった。

リットン調査団は、二月二十九日に東京に着き、その後、上海、南京、北京を経て四月二十日に大連港に着き、二十一日、奉天、長春、ハルピンまで調査を続け、各界要人と会い、レポートをまとめている。

奉天には二度立ち寄っている。この時は、先に日本総領事の森島守人と会談した。そのあとで、関東軍司令官の本庄繁と会談している。この席に、板垣、石原、片倉衷ら参謀たちも同席した。

リットン調査団に同行したハインリッヒ・ジュネ（ドイツ人）は『満州国見聞記』の中で、板垣、石原たち参謀の印象をこう記している。

「将軍を取りまく若い将校たちは、外見、特に顔つきからいってそれぞれ違う人種の人間のように見えた。そのうちの幾人かは全く欧州人のようであり、また他の数人はアジア的、モンゴル的、さらに他の者は南方民族、特にマレー人そっくりであった。

これら軍人の多くは鉄仮面のような無表情な顔つきをしていた。精力旺盛、完全な義務遂行、忠誠、規律、それに正確さは、日本軍人、それも参謀将校のような撰ばれた者が多分にもっている大きな特徴であることは疑う余地もない。
これら日本軍人の多くは、欧州大戦前のドイツ軍の参謀たちを想起させた。事実すぐれた訓練、厳しい規律など、色々な面で、ドイツ将校は日本軍の教官であった。（中略）かつてメッケル将軍（一八四二～一九〇六）がその幕僚と共に日本陸軍の教官として指導したこと、日本将校が大戦前ドイツ陸軍から学んだことは、そのまま生き続けているように思えた」

本庄繁との会談は、合計六回に及んだ。

荒木貞夫陸相からは、「大局的考察を以て調査員受け入れに遺憾なきを期せられたし」との要請があり、関東軍はこれに応じて各方面と連絡し、不慮の事件防止に努めた。

調査団の一行は、奉天で顔合わせし、帰途に奉天に戻ったとき、具体的な質疑に入った。リットン調査団はイギリス、フランス、ドイツ、イタリア、中国など国連の代表者である。インド総督の息子として植民地のインドで生まれたリットンは、インド政府を倒して植民地化し、イギリス本土の投資家たちに、アヘンや綿花で得た利益を本国へ送金する立場の一人である。

ドイツ、フランスもしかり。植民地政策を取り続ける調査団は、すでに満州人の新政府が三月九日に成立してスタートを切ったばかりのところに、調査という名目で干渉する。

石原にはそれくらいのことは読めていた。国連脱退も考え、不服ながら、清国の末裔《まつえい》、溥《ふ》儀《ぎ》をひとまず執政に据え、五族協和国家の国づくりに、全力で進んでいた。あとは本庄繁司令官、橋本虎之助参謀長、板垣征四郎第一課長らにまかせた。

リットンの一行は、すぐに、石原が「首都」と決めた長春に向かった。

長春は、日本が日露戦争で得た満州鉄道の最北の町。そこからハルピン、東西に走る東支鉄道の権利を、大金一億円を払って買収するのは昭和十年のことである。

満州事変前後の長春は、小さな本造駅舎が建つ木材集荷所の町だった。石原は頭初、満州国の首都はハルピンに置く予定だった。東西南北の鉄道が入り、防衛上も機能性に富む。

ただひとつ問題なのは、ドイツ系ロシア人が逃れて住みつき、大都市になっていて、新しい政府機関の建物を建設するには、都市計画がたたず、時間がかかるという難点があった。

その点、長春は数百軒の農家が点在し、広々とした未開の土地で、駅を中心に区割整理し、集中工事ですべての政府機関、関東軍司令部も設置できる。

日本で五・一五事件が起きる頃は、長春に暫定的な建物を立て、三月九日の建国の日までに引っ越しを終えていた。

リットン調査団は五月二日、長春のヤマトホテルに入り、翌日、満州国政府首脳と個別会談する。溥儀執政を真ん中に、向かって右側に満州国政府の総理鄭孝胥《ていこうしょ》、外交部長の謝介石、財務大臣の熙《き》洽《は》、立法院長の趙欣伯など、左手にリットン団長ら五人が椅子にかけ、床にはシベリア虎の頭付きの毛皮を広げ、それを囲むようにして記念写真に納まった。

日本人は総務長官のみが新政府の総務大臣で、この席に出席している。彼は調査団に、

「満州に秩序ある政府を樹立するのが私の夢でした。満州国の指導者のほとんどは、日本軍に撤退しないでほしいと望んでいます。もしそうなれば（撤退）、張学良軍がかならず報復に来る、と彼らは恐れている」と答えた。

一行が九日、ハルピンにつくと、馬占山のゲリラと関東軍との撃ち合いが続いていた。銃声はホテルの近くまで迫った。リットン調査団は、抵抗する馬占山に会って意見を聞こうとしたが、ついに会えず、奉天に戻る。

その頃の石原は調査団には関知せず、五族協和の成立と治安問題に取り組んでいた。満州には約三十万人の張学良の残党と匪賊が暗躍していた。その勢いは建国後も衰えず、日本と満州軍は、日夜討伐に明け暮れていた。新京、奉天、撫順、鞍山などの主要都市といえど安穏ではなく、匪賊による日本人、満州人の被害は絶えなかった。

日本人の指導で満州で育てた満州国軍は、一キロおきに立って鉄道を守備していたが、それでも匪賊は夜となく昼となく活動した。

その一方で、在満の青年団の間からは、民族協和に基づく五族主義を建国の柱とする、満州国を支援するための「協和会」が誕生し、石原は資金面でも支援した。この青年団の中心は旧満鉄の山口重次、歯科医の小沢開作、大羽時男ら元自治指導部員たちで、彼らは各民族の強固な思想統一を図るため、国民的組織の結成を考え、同志を募った。

昭和七年は満州国建国元年で、年号は大同元年である。小沢、山口らは大同元年四月一日、奉天忠霊塔の境内で「協和党」を結成した。中国人側は于沖漢の長男、于静遠、夏文連、黄子明、于志和などの若者。

翌日、事務所を奉天の三経路九緯路の東北交通委員会跡においた。石原は関東軍から予算をとり、組織、宣伝工作を支援した。彼らは五色大の旗をつくり、五族協和による満州国を宣伝して回り、民政安定化に尽力した。

もはや張学良、蒋介石の満州ではなく、満州人による「満州協和国」であった。ところが執政の溥儀は、「協和党」に賛成したが、「党」の名前を使うことに反対し、「協和党」で一致団結を主張する石原莞爾と対立した。

石原の「溥儀起用」の不信は、いみじくもここで溥儀を取りまく政府側の圧力となって現われる。その中の一人、小山貞知は党を会に改める妥協案を出し、陣客も、名誉総裁溥儀執政、会長鄭孝胥国務総理、理事長張燕卿実業部総長、事務局長謝介石外務部長として、小沢や山口ら青年団はスタッフとなった。

しかし石原たちが満州を去ると、政党嫌いの小磯国昭参謀長は、協和会の政治活動を封じた。単なる宣伝機関に格下げし、意味のない協和会となった。山口も小沢も、やがて満州を去る。

石原は閑職にあったが、彼はその頃から、満州国を育てるため、日満支が一つになって同盟国となる運動を思いたつ。

三上卓の、死を覚悟した「昭和維新」は、満州の「協和党」名が降ろされ、小磯参謀長によって植民地化の内政指導に切りかわった頃に、反発するようにして石原の体の中に、芽ばえ始めていた。

陸軍首脳人事、一触即発

陸軍の人事権は陸軍大臣と陸軍次官にある。

陸軍の定期異動は八月、海軍は十二月末である。

陸軍の人事は課長以上は陸相、教育総監、参謀総長の三者で決定する。七月時点の陸軍大臣は荒木貞夫、次官小磯国昭、参謀総長は真崎甚三郎、教育総監は林銑十郎である。

二・二六事件が起きた昭和十一年二月の時点では、陸相川島義之、参謀総長が初めて宮家の載仁《ことひと》親王（閑院宮）、次長は杉山元、教育総監渡辺錠太郎である。

つまり六年九月の満州事変、七年五月の五・一五事件当時の陸相、教育総監、参謀総長が二・二六事件までの四年間近く、軍のトップにいて影響力を持っていた。

昭和七年夏の関東軍の司令官以下参謀たちが、たった一人の若い中野良次参謀（作戦）のみを残して全員が関東軍から外され、閑職に追い出された。この人事は当然、荒木陸相、小池次官、真崎参謀次長、林銑十郎教育総監の間で決定される。

本庄繁軍司令官は、前年の八月に第十師団長から司令官になったばかりだった。七年八月では現役引退の軍参議官に、八年八月には侍従武官長になり、天皇の側近にいる。

橋本虎之助参謀長は関東軍憲兵司令官に格下げされる。板垣征四郎高級参謀は奉天特務機関長、執政溥儀の顧問に、石原は大佐となり陸軍兵器本廠付の閑職。のち外務省に出向するなど約一年間、軍から離れる。片倉衷は久留米の第十二師団参謀に異動となった。

変わって軍司令官には武藤信義大将、事実上の実権者の参謀長には陸軍次官の小磯国昭が自ら就任した。小磯は統制派の軍人で、東条英機、永田鉄山、磯谷廉介のグループである。皇道派の荒木とはウマが合うわけはない。

荒木陸相は、「断じて戦火を中国本土に拡大してはならない。現下の日本の最も重要な国策は、全国力をあげて新興満州国を育成することである。満州国の建設がうまく行けば、期せずして、中国の民心は日本になびいてくる。そうすれば世界列強といえども、満州を承認せざるをえなくなるに決まっている。東洋の新秩序は、戦わずして招来することに越したことはない」（別冊「知性」）との考えだった。

ところが、八月三日付で関東軍参謀長に就任した統制派の小磯は、さっそく協和会を政策宣伝から宣伝機関に格下げした。このため満州を建国した居留青年たちは追い出された。

ただひとつ、石原は新任の田中新一参謀に「決して三井、三菱ら財閥は一歩たりとも満州に入れるな」と命令して、あとを引き継がせた。

軍司令官一行は転任にあたり、溥儀や、また各省の大臣たちに挨拶して回り、八日に引き継ぎを終え、八月十二日に満州を去る。おそらく七月一日で、長春の南、公主嶺の警備司令部に就任した菅波三郎中尉は、公主嶺で石原の顔を見たであろう。二人は満州で行き違いになる。

第二章――石原、仙台の四連隊長

安藤輝三と西郷隆盛

二・二六事件の首謀者安藤輝三は、明治三十八年二月、石川県の金沢で、県立第二中学校の英語教師の父栄次郎と母スエの五人兄妹の三男として生まれた。

輝三が小学二年の終わりの頃、父が鹿児島の学校に転勤となった。家族全員で暖かい鹿児島に引っ越している。輝三は山下小学校に転校した。この鹿児島で、父が語る西郷隆盛の伝記を耳にして育つ。子供の頃、西郷軍の最後の戦いの地、城山に登ったり、最後の作戦を練った洞窟をも見学した。一番影響を受ける少年期に、西郷隆盛の明治維新とその生涯を学んだことは、最高の幸運だったに違いない。

中学は父が勤めていた栃木県の宇都宮中学校に入学したが、在学中に仙台幼年学校を受験して合格。大正七年、陸軍の道を歩く。元帥山県有朋が八十五歳の生涯を閉じた大正十一年二月から一ヵ月後の大正十一年四月、陸軍士官学校予科に入学した。安藤は歩兵四個中隊編成の第四中隊第二区隊で、区隊長は長勇（28期）中尉である。

同じ区隊の生徒には、橘高鉄雄、佐々木二郎がいた。安藤は病気で一期遅れての入学で、三十七期。同期生に橘高のほかに磯辺浅一、河野寿らがいる。

安藤は予科を卒業すると、士官候補生として歩兵第三連隊（歩三）へ入隊した。連隊長はのちに第十九師団長となる牛島貞雄大佐で、六中隊付将校に秩父宮がいて、安藤と星光の教育を担当した。秩父宮は、この時に初めて士官候補生の教育を担当した。初めての経験だけに、安藤と星には精一杯の情熱をかけている。そのうちに生徒の安藤が忘れられぬ一人となる。

この時以来、秩父宮と安藤との仲は、誰も間に割って入れないほど親密な関係になる。

安藤は大正十五年七月十六日に陸軍士官学校を卒業すると、原隊の歩三連に赴任した。翌年の昭和二年十一月一日、安藤少尉は歩兵第三連隊第十一中隊付として、愛知県下一帯で行なわれた秋季特別大演習に出発した。東京第一師団と大阪第四師団が東西両軍に分かれての、十五日間にわたる対抗演習である。雨の中を、歩三の兵は三日間で百三十五キロを行軍し、ヘトヘトになる。落伍する者を見て、彼は体力づくりと団結の必要を教えられた。

三年三月一日付で、連隊長が筒井正雄大佐から永田鉄山大佐に変わった。安藤が中尉に昇進するのは四年十月で、陸相は七月二日付で大臣となった宇垣一成である。宇垣は翌五年六月に失脚し、半年後の五年十二月一日に返り咲くが、また四ヵ月後の六年四月十四日、失脚する。

この間、宇垣陸相、海軍軍令部長鈴木貫太郎、文部大臣岡田良平は、中堅幹部青年の育成と青年指導者養成を目的とした財団法人日本青年協会を設立した。政財界人が一丸となった組織で、第一期の民間講習生を募集した。募集は年二回に分け、「敬神崇祖」「尊皇愛国」「博愛共存」「自治協同」「政学遷善」を旨とし、歩兵第三連隊の空き兵舎を借用して仮寮舎とした。

剣道の教官は会津出身で農大時代も指導していた四十四歳の青木常盤で、北辰一刀流の剣を使った。連隊長の永田鉄山は青木に、将校団の剣道師範をお願いしている。ここで二十四歳の安藤は青木から剣道を学ぶことになる。稽古すると、青木にまったく歯が立たない。

青木は安藤の剣道について、「実に直線的で真っ直ぐに打ってくる。一途なところがあるが決して無茶をしない。重厚沈着だが、一面女性的な思いやりのある剣」と評している。

昭和五年は井上準之助日銀総裁の金解禁政策で、小国日本はありたけの金を売り払い、外貨を買ったが、国内経済は大不況で、失業者が溢れ、労働争議が多発した。資本家はますます裕福になるが、農村と中小企業は大不況で疲弊し、東北の貧しい農家では娘を売る人が増え、富める者と飢える者との二極化が進み、人心も荒れた。

そこにきて、ワシントン軍縮条約に続いてロンドン軍縮条約でも対英米六割の海軍力に押さえられ、特に海軍首脳部にも若い将校の間にも政府への不満が積もった。

陸海軍将校のほとんどが貧しい農家出の者が多く、農村恐慌《きようこう》に対しては敏感に反応した。しかし、軍人は労働者のように不満を争議に転化することが出来ない。彼らの中には、安藤のように、北一輝の『日本改造法案大綱』に魅せられたり、菅波のように西田税の「桜会」や「郷詩会」に行って革新思想に傾倒する者もいた。

代表的な人物が、教え子たちが五・一五事件で海軍将校と一緒に蹶起した菅波三郎中尉である。彼は九年三月で大尉となり中隊長になる人物だが、彼の手記は、当時の陸軍将校、なかでも第一師団の歩一、歩三といった首都圏の将校たちの気持を代弁して興味深い。陸軍内を、次のように分析している。

「政治には思想、哲学がなければならない。国体の進化に対する正確な認識が欠けてくると、政治制度や経済組織が時代の進歩にそわなくなり、その欠陥が失政となって国民生活を脅かし貧窮する。社会不安は色々な主義思想が入り乱れて、抗争と混乱が生まれてくる。このような国情に対して、当時の日本陸軍には三大潮流が出来て対立していた。一つは現状維持派であり、次が対外拡張派であり、最後が国内革新派である。

現状維持派とは軍の長老（将官級）の一部であり、国家改造とか社会革命をタブーとした。軍人はただ上官の命令に服従し、軍務に精励せよ、と軍人の本分を説き、そのくせ自分たちは派閥の中に生き、要領よく泳ぎ、出世を夢見る。

対外拡張派は、軍人の中堅（佐官級）の一部で、陸軍省、参謀本部、関東軍などの出先の中枢に属し、ひそかに謀略を以て武力進出、対外発展を企図し、軍備の拡張、軍事費の獲得をめざす。さらにこれを幕僚ファッショと呼んだ。

国内革新派は、国家の内部に潜む矛盾、社会の底辺に喘《あえ》ぐ国民の貧窮問題を解決する、国内政治の出現を最大の急務とした尉官級隊付青年将校の一群である。

菅波は、第一章で触れたように、昭和六年八月、突然、鹿児島四十五連隊から東京の第三連隊（歩三）に転属となった。彼は西田税と接し、桜会の会に出席し、六年八月の「陸海民」関係の郷詩会にも参加した。

彼の隊は機関砲隊で、麻布の歩兵三連隊の正門前に隊舎があり、菅波は正門を往来する安藤たち将校を見かけている。

桜会の十月事件で安藤ら反目

菅波が歩三に転属して間もない十月、桜会が中心となって、大々的なクーデター計画が練られた。

三月事件と違って、今度は軍の中枢部には相談なく、桜会中心に、同志の将校百余名が、近衛師団、第一師団の各連隊から十数中隊の兵を出動させ、首相官邸、警視庁、陸軍省、参謀本部などを襲撃し、首相以下は斬撃し、反対する者は捕縛し、東郷元帥が参内して荒木中将に大命を降下させるという計画である。

この計画には、民間から大川周明、西田税、北一輝も加わることになっていた。首謀者の橋本欣五郎大佐は、海軍の藤井斉中尉ら海軍とも連絡をとっており、霞ヶ浦から海軍の爆撃隊の参加も予定されていた。また関東軍の板垣、石原とは河本大作が連絡をとっている、とも伝えられた。決行日は十月二十四日早暁とした。

橋本の計画では、クーデター内閣は荒木を首相に、蔵相大川周明、内相橋本欣五郎、外相建川美次、海相小松省三郎少将、警視総監長勇という顔ぶれになっていた。

しかし関東軍は満州事変に突入後で、とても十月クーデターどころではない。確かに河本大作は関東軍の石原に手紙を送ったりして、計画を知らせている。だが関東軍が支援に回る余裕などはない。

また霞ヶ浦航空隊には、小園安名チーフ教官がいて、訓練に差しつかえるような爆撃機派遣の協力は取り次いでいない。

この無定見な計画は、結局、十月中旬頃、陸軍省に漏れ、首謀者の橋本らが憲兵隊に検挙され、クーデターは失敗に終わる。もっとも、荒木教育本部長はこの計画の相談を受けていなかったようで、最初からクーデターを決行する気はなく、単なる「打ち上げ花火」程度のものだった。死を覚悟の、国家改造ではない。明治維新の西郷隆盛、桐野利秋のように死線を走り抜けたわけでもなく、比較のしようがない佐官級の花火だったに過ぎない。

ひとつには、橋本と北、西田との革命のスタンスが大きく違っていたことがある。言ってみれば軍人の恫喝でしかなかった。

事件後の首謀者への追及も、また曖昧だった。極刑論もあったが、関東軍が橋本らの支持に傾いたこと、杉山元陸軍次官以下の首脳部が三月事件でスネに傷を持っていたことなどから、刑は軽く、重謹慎程度に終わった。

しかし、この十月事件は首脳部を動揺させ、若槻礼次郎内閣が十二月十一日で倒れ、幣原《しではら》喜重郎外交が葬られ、事件の収拾に動いた荒木が中将のまま陸相になるなど、効果はあった。若槻に変わって政友会の犬養毅が首班となり、七年一月には皇道派の真崎が参謀次長になるが、実権は小磯国昭、建川美次、永田鉄山といった統制派が軍を掌握した。

また桜会に拠った、より過激な者は中央部から追放され、地方に飛ばされた。犬養首相はロボット化され、実権は小磯など佐官級がにぎった。

その反面、菅波、村中、安藤、磯辺主計など尉官級との間には、溝が生まれ、反目し始めた。

その最初の事件が、八年十一月の、栗原安秀中尉らの救国埼玉県挺身隊事件であり、九年十一月二十日の村中孝次郎大尉、磯辺浅一一等主計らによるクーデター計画である。これらの事件は、皇道派の尉官たちの事件だった。またこれを鎮圧したのは、かつての革新派の永田、小磯、建川ら統制派だった。

石原、ロンドンの武官パーティーで演説

昭和七年八月八日の陸軍定期異動で、それぞれ関東軍から内地の各地に異動となった。満州に残ったのは関東軍に中野良次参謀（作戦用兵）と満州国執政顧問の板垣征四郎、ハルピン特務機関の竹下義晴のみで、片倉は久留米の第十二師団参謀に異動した。異動先がなかったのは石原のみで、大佐に昇進したものの取りあえず参謀本部付となったあと、二週間後には兵本付、十月十二日付で外務省へ出向の身となり、軍服を脱いで背広姿の石原になる。

参謀本部に挨拶に行った時のことである。参謀次長には七年一月五日付で真崎甚三郎が就任していた。真崎は、

「石原君、貴公は偉い、貴公は偉いぞ。一中佐の人事異動で、陸軍の定期異動が二週間も遅れたということは、日本陸軍創設以来はじめてのことだ。貴公は偉い」

と、まるで他人ごとのように言いながら、握手の手を伸ばしてきた。

石原はのちに秘書となる読売新聞記者の高木清寿に、その時の状況をこう語っている。

（『東亜の父』石原莞爾）」

「軍の人事は三長官の陸軍大臣（荒木貞夫）、参謀総長（閑院宮＝代理次長）、教育総監（林銑十郎）が決定するもので、なんら石原の関知するところではありません、と言って、はね返してやったら、だいぶ具合の悪い顔をしていた」

真崎は巧みな話術で、若い将校たちを虜《とりこ》にする。満州から甲府連隊に異動した今田新太郎も、特命検閲と称して真崎が甲府に来たとき、駅まで迎えに出たさい、連隊員の前で、「今田君はいるか。今田君!」と声を掛ける。普通の人なら「真崎将軍に声をかけられた」と感激するが、しかし今田は、その手には乗らなかった。

石原も、仙台の四連隊のとき、真崎大将を連隊全員で出迎えた。真崎大将は満座の将兵団の前で、故意に、

「石原君。今夜は会食をしたいから、御宿まで来てくれたまえ」

と、さも派閥仲間を全員の前で公開するかのように誘った。

だが石原は、その気はまったくなく、満座の将兵の前で、

「会食は公務ですか」と聞き返した。

すると真崎は、

「イヤ、公務ではない」と返事した。

すると石原は、

「公務でなければ、お断わりします」

と言って、きっぱりと断わった。

真崎は、石原が苦手のようだった。参謀本部では総長に代わって次長の真崎が三長官会議に出ている。そこで石原の異動が決まる。十二月二日からのジュネーブの国連総会に向けて、

外務省への出向である。

リットン調査団の報告を受けた国連では、七年九月十五日の日満議定書交換によって独立国家となった満州国をめぐり、七年十二月二日から審議に入る。石原は随行員の一人に加えられて出かける。しかしやることはない。ほとんどベルリンやパリに出て、フリードリッヒやナポレオン関係の本を買い求めている。陸軍としては満州国をつくった石原のポストがないというよりも、ポストに付かせようとしなかったのが真相であろう。

それほど真崎、荒木、林にとって、石原は煙たい存在だった。なぜなら、統制派の永田や建川、小磯らが石原を抱きこむことも予想されたからであろう。そうならないため、石原を海外に出した。

ジュネーブでの総会では、松岡洋右《ようすけ》全権大使は策もなく、ただ押し切り外交に終始したため、翌八年三月二十八日、満州国の承認は圧倒的多数で否定された。それを契機に、日本は国連を脱退した。

連盟脱退が決まるや、石原は同行の土橋勇逸中佐（佐賀出身、十九年十二月、三十八軍司令官、中将）と一緒にシベリア経由で帰国した。

それでも、帰国した石原は、八月まで出向のままである。陸軍省の中枢部には、入れてもらえなかった。ようやく八年八月一日付の定例の異動でポストにつく。しかし近衛や第一師団ではなく、遠く仙台の第二師団歩兵第四連隊長に追い出された。

実は八月の異動前の閑職中に、石原は国防計画要綱をまとめ、参謀本部にいた今田新太郎を通して、参謀本部に提出していた。これはかつて満州事変を仕掛けた同志の今田の、石原を参謀本部に入れようという狙いが読みとれる。

論文の題名は「軍事上より見たる皇国の国策並びに国防計画要綱」である。「軍事上より見たる皇国の国策」と「皇国国防計画要綱」に分けている。

おそらく四ヵ月近いジュネーブの国連総会に随行員として参加した間に思いついたのだろう。初めて「東亜連盟」の必要性に着手している。まだアメリカ、ソ連は国連未加盟国だったが、イギリス、フランスなど、列強国の小国日本に対する威圧は強く、石原はそれを肌でヒシヒシと感じとっていた。

彼はこの間に、イギリス大使館武官補の辰巳栄一中佐に招待されて初めてベルリンからロンドンに出かけた。行ってみると、イギリスにいる各国武官主催の食事会で喋《しゃべ》れという。各国の武官たちは英雄を見たくて、軍服姿でテーブルを囲んでいる。講演を頼まれた石原は、この日、辰巳が用意した紋付き羽織姿でパーティー会場に現われ、各国の武官たちをアッと驚かせた。まさか、侍スタイルで出席するとは予想だにしなかったからである。辰巳の演出は効をなし、各国の武官たちは満州軍を破った大佐の意外さに、度肝を抜かれた。

石原はスピーチした。

「私はドイツ語なら、いくらでも話せるが、英語は話せない。フランス語はちょっぴり話せる。もっとも私は軍人ではない。ごらんのように、着物姿の外務省職員である。ジュネーブの国連総会に外務省随行員として参加しているが、皆さんと会うために、国連総会をちょっと抜け出してきた」

挨拶スピーチのあとで、質疑応答になった。大使館員が通訳したが、ある国の武官は、

「たった一万の日本軍が、二十二万の張学良軍に勝ったが、どうしてそうなったのか」

と質問した。すると石原は、

「張学良軍は規律がなく、軍隊組織ではないからだ。日本軍は日夜、訓練を積み重ねていたから勝てた」

と答えると、出席者たちは東洋のナポレオンに総立ちして拍手を送った。

最終戦争と国防計画要綱へ

この頃から、石原は次に来る最終戦争を予感していた。彼はロンドンからベルリン経由で、ジュネーブに戻る間に、満州国を蒋介石の国民党政府に承認させるため、日支満三ヵ国の経済同盟を結ぶ道しかないと結論づける。それが八年六月の「国防計画要綱」の素案となる。派閥抗争とクーデターの花火に明け暮れる陸軍の中で、国家の進む道を方向づけたのは、石原ただ一人だった。

以下に要約する。

○軍事上より見たる皇国の国策

一、皇国とアングロサクソンとの決勝戦は世界文明統一のため、人類最後、最大の戦争にして、その時期は必ずしも遠き将来にあらず。

二、右大戦争の準備として、目下の国策は先ず東亜連盟を完成するにあり。

三、東亜連盟の範囲は、軍事経済両方面よりの研究により決定するを要す。人口問題等の解決は、之を南洋、特に満州に求むるを要すも、現今の急務は先ず東亜連盟の核心たる日満支三国協同の実を挙ぐるにあり。

四、満州国の成立は日支親善、アジア団結の基礎にして、之が指導上特に注意すべき点は次の五点。

①国防のための我国軍を満州国に駐屯せしむる。我国の政治機関を撤去し、満州国の独立を確実ならしむ。即ち関東州及び満鉄附属地、行政権を満州国に贈与し、且つ治外法権を撤廃する。

②満州国に関する事項は関東軍司令官に一任する。

③司令官は日満協和の主義に反しない限り行政は新京政府に、経済開発の立案は特務部に一任する。司令官は満州国治安の維持と満州協和会の建て直しと発展を指導する。

④満州国を発展させるため、善良な日本人を送る。日本官吏の生活程度を内地同様に。

⑤蒙古人の宗教改革に力を用いると同時に精鋭なる蒙古騎兵隊を編成す。

五、対支政策は軍閥を相手とせず、支那経済の堅実なる改善を眼目とする。日支経済提携により、東亜連盟の完成に向かう。

六、北満の断乎《だんこ》たる経営により、ソ連の東進を断念させる。ソ連を近東方面に転向せしめ、英国を欧州方面に索制させる。

七、国防方針に基づき、政府に必要の施政を要求する以外、軍部は政争渦中に投入すべからず。既成政党から支配力を失いたる今日、次代の要求に合する政治団体の発生発展に適切なる努力を払う。

○国防計画要綱

戦争の動機は我国策たる東亜連盟の成立を妨害する敵国の出現にある。敵は米ソ英たるとを問わず、米ソ英の協同せる武力、及び支那の反抗を予期する。そのため、

○対支作戦

一、進展を妨げる病根を明らかにし、適切なる病根切開を強化し、四億の民衆に新生命を付与し支那をして東亜連盟の有力なる一員として、負担すべき責務を迅速に完《まっと》うし得るに至らしむ。

二、必要に応じ、北京、天津、青島、済南、上海、南京、漢口、広東など、必要最小限の地点を占領守備し、その他の地方は支那軍をして治安に当たらしむ。支那友軍を支持するためには、とくに航空武力を有利とす。

○対ソ連作戦
一、北満方面の地形を巧みに利用して、戦略的持久戦を行ない、以て戦争の経済的持久を策す。
二、沿海州、黒龍州を占領する。
三、ソ連国内に於ける蒙古経営成果を挙げ得ば、外蒙古及びブリアードはソ連軍後方攪乱《かくらん》のため甚大なる力たるべく、更に進んでソ連本国に対し反ソ宣伝を行ない、その崩壊を策す。
○海洋方面の作戦
一、陸海軍協同のもとに、迅速にフィリピン、香港、グアム、シンガポール等を奪取する。
二、来攻する敵主力艦に対する決戦は、特に有利なる機会を選ぶべく、それがため一時日本近海の航路危険となり。又は皇都が航空襲に曝露することありとするも、艦隊司令長官の重大なる作戦を掣肘《せいちゅう》せしめざる如く、国民を訓練し、且つ必要なる諸準備も要す。
石原は、この時点で、対英米戦略として、サイパン、グアム、フィリピンからシンガポールを結んだ防衛ラインを構想している。戦後、極東軍事裁判の酒田法廷開廷後、アメリカの新聞記者たちに取り囲まれて取材を受けたとき、「私が参謀長だったら、サイパンをハワイに劣らぬ海軍墓地にして、防衛ラインをフィリピン、シンガポールを結ぶ線にすれば、アメリカと五分五分で戦えた」と語っている。

海の防衛ラインは、すでに昭和八年六月以前に、石原の頭の中にあった。

石原四連隊の奇策

八年八月の定期異動でも参謀本部入りは見送られ、仙台の四連隊に飛ばされた。しかし石原はかえって大いに翼を伸ばせた。中央部の派閥抗争も、近衛師団、第一師団の菅波や安藤たちが、橋本欣五郎中佐ら佐官級のクーデター計画に振り回され、佐官級たちと溝ができ、秘かに国家改造のためのクーデターを計画していることなど、知る由もない。

連隊は戦術で、勝つためには何でも起用する。その意味では、満州事変を作戦した石原の血が騒いだ。戦術アイデアも湧く。何よりも石原の就任で喜んだのは一万の第二師団兵。なかでも歩兵第四連隊（仙台）の隊員たちだった。

彼らは満州事変当時、多門二郎師団長に率いられて、二十二万の張学良軍と戦った功労者たちである。作戦を練ったのが石原莞爾で、その意味では戦友だった。

石原は仙台に入ると、各地で講演を依頼された。その頃も「東亜は一つにならねばいけない」と、東亜連盟運動の必要を説いた。そして、「昭和維新は日満支が経済面で同盟を結び、政治は干渉しないことで、アジアがアングロサクソン、ソ連と五分五分の力関係を持つことができる」と力説する。ここで初めて「昭和維新」を使っている。

石原が連隊長になってからの四連隊は大きく変わる。まず、兵隊の教育は訓練第一主義、演習は実戦第一主義に変わったことである。これまでの官僚主義を捨て、文書検閲もしない。内務班などに多少の不行き届きがあっても、いっこうに頓着しなかった。

訓練では銃剣術、百メートル、二百メートルといった短距離の突撃訓練を繰り返した。射撃場では実弾演習である。第二師団の歩兵隊は、唯一満州で実戦した軍隊だけに、射撃場では銃声が絶えない。

軍隊では抜き打ちの中央からの検閲がある。第二師団長が東久邇宮の時では具合いが悪いので、東久邇宮が大阪第四師団長に異動された直後の九月のことである。ほぼ一年間の連隊記録をもとに、厳しい検査が一ヵ月間続いた。

検査は中隊、大隊、連隊、旅団、師団の順で行なわれ、兵隊は泣かされる。ところが、他の連隊が連日の検査で血眼になっているのに、石原はいっこうにかまわず平然としていた。彼は将校の素行・身上を調査する閻魔帳までも白紙のままにした。

この時の特命検閲使は、病いを理由に一月で陸相を退任した荒木貞夫大将である。九年一月の三長官会議では、荒木と、六年六月で参謀次長を植田謙吉にかわった真崎の二人が、二人の意志を引き継ぐという約束で教育総監の林銑十郎を荒木の後継者に推した。同時に真崎が林に代わって教育総監に就任した。

体調を取り戻し、軍参議官になった荒木が、今回の特命大使である。その荒木が石原に閻

魔帳の提出を求め、開いた。ところが、荒木が何枚めくっても白紙である。荒木は憤慨して、

「これはどうしたことだ！」と詰め寄った。

石原はこう答えている。

「石原は当連隊にきて、まだ一ヵ年にもなりません。部下全員の素行等は勿論分かるものではありません。それ故当然白紙にしておきました。石原はこんなものは無用と信じます。将として部下を信ずることの出来ない馬鹿者だけが、かかることに拘泥するものと信じます」

（『東亜の父・石原莞爾』より）。

筆者の高木清寿は、「（荒木は）陸相の時、憲兵司令官に秦真次中将を起用し、自己の軍閥皇道派の勢力拡張につとめ、憲兵を駆って反対派将校の身上や動行を詳しく調査した人物である。且つ部内の派閥抗争が激しい最中でもある。かかる事はなすべきではない、と身をもって示し、しかも（荒木は）諭されてしまった（中略）。けだし日本建軍以来、初めての事であろう」と、書いている。

この四連隊長時代に、日本陸軍の用兵のあり方を大きく変え、効果を上げる出来ごとが起きた。それは「郷土別中隊編成制度」である。

きっかけはホームシックにかかって脱落する兵隊を、どうやって防ぐかにあった。石原は中堅将校を集めると、「国防研究会」を作り、研究させた。彼は常に将校たちには、「酒、タバコはほどほどにして、何でもいいから研究せよ」と訓示している。四連隊でも、軍民のと

るべき方策を研究させた。その研究の結果に生まれたのが一個中隊編成を一群、または二群の同郷出身兵をもって編成するというものである。

動機となったのは、隊内で私的リンチ事件が起き、脱走する兵隊がいたことにある。中隊の全員が同郷なら、リンチ事件は起きず、かえって故郷談話が増え、同郷意識が隊の団結になるだろうという発想である。石原は、

「よし！　さっそくやる」

と決断し、翌十年一月からの編成を、すべて同郷別に分けた。その結果はすぐに現われた。リンチ事件はゼロ。中隊の対抗競技では、同郷意識が強く、結束が固くなり、負けまいと技を争った。軍民一体の実も結びはじめた。

ところが中央の陸軍省の間から、これに反対する者が現われた。しかし第二師団では、すでに定着し、宮城県の軍民一体、兵農一致が進み、その後、前線で大いに実力を発揮した。また各師団でも「郷土別中隊編成」がとられ、新兵は寂しい思いをせずにすんだ。

兵農一致とは、訓練のない日は農作業に従事させ、自給自足する連隊組織である。兵隊の中には農家の二、三男が多く、田畑作りは心得ている。しかし、中にはまったく初経験者もいる。そこで訓練のない日は全員、農作業に出た。

目的は二つあった。一つは兵役を終えて郷里に帰る農村出の兵隊に、農業に関する豊富な知識を与え、自立農家としてやって行けるように育てることである。

もう一つは除隊後、工場などに勤める者たちを、将来は満州に移民させ、満州での農業に従事させることも出来ると、考慮してのことである。そのため、専門家を呼び、トマト、イチゴ、キュウリ、大豆などあらゆる農作物の栽培を体得させた。四連隊の営内には梅二百本を植え、食用梅を収穫して、自給自足した。

連隊長、先頭を駆ける

石原の戦術教育は、唯一のもので、他の連隊では見られない。第四連隊を含め第二師団の兵たちは、日露戦争以来、唯一満州での実戦隊であっただけに、リアルである。常に実戦第一主義で、連隊長は自ら指揮刀を振り上げて、誰よりも先頭を駆け、突撃させた。そして、

「オレが倒れたら第一中隊長が、第一中隊長が倒れたら第二中隊長が指揮をとれ！」

と、訓示した。

一般に連隊長は後方にいて、全体の指揮をとるものだが、彼はその逆だった。連隊長自ら先頭を走った。

天皇陛下が天覧する高崎での大演習のときは、陛下を左手に見て、田んぼの畦道を石原自ら先頭に立ち、指揮刀を振りかざして全員が縦一列で走った。約千五百名の兵士たちは石原に続く。ふと走りながら左横を見ると、そこには天皇陛下を中心に、陸軍大臣、参謀総長、教育総監、各部長などお歴々の方々が座って見ている。兵隊たちはそれらお歴々の方々を見

ることもなければ、まして天皇陛下の顔を見る機会もない。今回、全員が初めて天皇の顔を見ることが出来た。

これは石原が連隊兵たちに、天皇の顔を見せるための演出であった。

「なぜ連隊長が先頭を走るのだ？」

参謀本部や陸軍省の部課長ら幕僚たちは、石原の縦横走りの演出を批判したが、彼らは石原の真意を知る由もない。

つまり彼は、幕僚たちのために演習したのではなかった。かの、満州で血を流した兵隊たちに、天皇の顔を見せるのが真の狙いだったのである。でなければ、誰のために戦い、死んでいくのか、分からないままで終わってしまう。

「それじゃ、あまりにも兵隊たちが、かわいそうだ」

石原は終わったあと、してやったりの顔で、兵隊たちを見渡し、仙台に引き揚げた。

昭和九年三月は満州建国から二年目で、連隊長になって七ヵ月のことである。仙台は残雪の春だった。彼は連隊の訓練が終わったある日、満州国のあるべき姿を構想し、論文にした。題して「満州国育成構想」である。

彼のところには満州国にいる協和会員たちから、満州の現状の報告が入ってくる。五族協和の普及は徐々に広まりはじめているが、治安は相変わらず悪く、あと二個師団を送り込んで匪賊の潰滅にあたるべきだと提案する。

なかでも各民族の特長を活かした満州国の理想像が、この育成構想に描かれている。

冒頭で石原は、「満州国は日、満、漢、鮮、蒙、満、諸民族共有協和の国家なり」と定義する。

民族の居住区域は三千万近い漢民族は南満を主居住に、蒙古民族は興安省に、満州民族は漢民族と混じって全満州に居住するが、日・漢・鮮の三民族がいかに満州国内に居住し、相協力して東亜平和の基礎を確立すること。

朝鮮民族は間島（満州東部）を主居住区とし、南満の水田適地に発展する。日本人は北満に居住し、対ソ連国防の第一線とする。

また日本から純良なる日本農民を満州に送り、満州国は北満の未墾地を全部、日本移民に提供すること。地域としては吉林省依蘭道、黒竜江省北部及び黒竜江省中部、奉天省西北部の不毛地を予定し、まず依蘭道に重点を置く。そして、

「近く行政区域の改革に際し、依蘭道長官に東宮鉄夫《かねお》少佐が最適任とす」と、東宮鉄夫少佐の起用を勧めている。のちに、昭和七年十月、東宮少佐は武装した農兵をハルピンの港から船で運び、松花江を下り、依蘭の川岸に接岸させて上陸した。日本人の開拓第一号だったが、地元農民と衝突し、開拓は難航した。

満州開拓を同時に、石原は北満の開発を急ぎ、「昭和維新」に向けて進む。

第三章——石原莞爾の昭和維新

統制主義こそ革新の道

石原が「昭和維新」の旗を挙げるのは、参謀本部作戦課長に就任したときで、杉山元次長の要請に答えた昭和十年九月の「昭和維新の必然性確認」の論文に明言している。

それまで「昭和維新」という言葉は、三上卓の「青年日本の歌」の四章に出ているが、九年の四連隊長時代に「昭和維新」を構想し、参謀本部作戦課長就任の九月、次のように定義し、国策の柱にした。

「昭和維新とは、西洋流の個人主義、自由主義、功利主義より全体主義、統制主義、国体主義の躍進なり」

「個人主義全盛時代の軍隊は、一般社会に対し甚《はなは》だしく特異なる孤立的存在に過ぎざりしか。昭和維新目前に迫り、而《しか》も西洋中毒未だ醒《さ》めず。指導階級は挙げて自由主義者たる今日、軍隊は単に国防の重圧を負ふのみならず、昭和維新の為、国民訓練の道場たらざるべからず。即《すなわ》ち自ら時代の意識を明にして教育を根本的に革新し、その威力により青年学校、在郷軍人等を通し全国民に、昭和維新の根本精神を体得せしむるを要す」（原文のまま）とした。

また「連隊区司令部は、組織上、到底この重任に堪え難きを以て、之をして動員、徴兵の事務に専任せしめ、青年学校、在郷軍人の指導は実力ある軍隊を活用する如く、制度の改正を必要と信ず」

と精神を叩き直し、対ソ連戦に備え、ソ連軍の極東への攻勢を断念させるように持って行くことを、第一歩としている。ここに、彼は軍人の個人主義、自由主義を排し、統制主義及び国体主義への道が、昭和維新だとしている。

のちに昭和十九年四月、戦況悪化のさなか、東亜連盟同志会の思想を要約したパンフレット用に、「統制主義」について「専制と自由とを総合開顕した指導精神であって、個々の自由創意を最高度に発揚せしめるために必要の専制を加えることを言うのである」と述べている。

そして統制主義は、自由主義に比べてはるかに能率高き指導精神である、と第一次欧州大戦後の欧州の例を引用し、こう記している。

「――依然自由主義体制を墨守して来た諸国家は、今次大戦（第二次世界大戦）に依って、自由主義をもってしては、到底新しき統制主義の国家に及ばないことを確認し、今や民主主義陣営においても、滔々として自由主義を清算しつつある実情であって、専制より自由、自由主義より統制へと発展して来たことは、世界の共通的傾向である。

統制主義への革新は、人類が最終戦争の緊迫し来ったことを本能的に感得し、これに対処せんがため、合宿的状態への突入と見るべきである。

最終戦争を目標とする積極的、かつ革新的建設の迫力に依って、政治経済の分野のみならず、個人の衣食住、心身の構成まで革新される。この大革新の過程において、自由主義文明の所産たる都市は解体せられ、工業と農業との相剋は解消して、健全なる文明は全国土に円満に普及し、人類の衰亡を来さんとする享楽生活は清算され、簡素剛健な新しい生活が創造される。（中略）」

さらに統制主義の革新である「昭和維新」は、東亜大同を目的とする東亜の革新で、明治維新との違いを、こう語っている。

「明治維新は、封建を打倒して天皇を中心とする民族国家を完成するための日本の維新であった。東亜連盟民族の力を総合的に発揚すべき昭和維新は、国内だけの問題ではなく、東亜の維新でなければならぬ。次いで来るべき最終戦争によって、世界は維持される」

「かくの如き昭和維新完成のためには、民族間の新しき道徳の創造を必要とする。あたかも明治維新において、各藩侯に対する忠誠を天皇に対し奉る忠義に復帰せしめたごとく、天皇の忠良なる臣民たるために、東亜諸民族の大同し得る新しき時代の道徳を確立し、民族戦争より、民族協和に飛躍せしめねばならない」

石原の国内革新は「一国一党」

石原が本格的に「昭和維新」に取り組むのは昭和十三年夏である。関東軍副長のとき病気になって帰国した彼は、しばらくして茨城県大洗の旅館潮見荘で静養した。九月一日、暴風雨の雨風を聴《き》きながら短文の「昭和維新方略」を書いた。原稿用紙八枚ほどの論文で「指導方針」「東亜連盟の結成」「国内の革新」で構成されている。

指導方針は、「帝国の実力を以て白人の圧迫を防止し得る範囲内に於ける東亜の諸国家をして、公正なる活動と発展とをなさしむる方針の下に東亜連盟を結成」し、新時代の指導原理を確立する、とある。

結成の態様は、「国防の共同、経済の共通、そして政治の独立」の三本柱で、満州国に対しては日本人も他民族と平等の立場で政治に参加し、満州国の独立を完成する。中国に対しては、欧米依存を断ち切り、そのためには日本は帝国思想を清算して、日中和平の成立を計る。それには、中国が東亜連盟の一員に加われるように基礎を確立する。

国内の刷新については、石原の論文をそのまま紹介してみる（説明文は省略）。

一、政治

1、天皇親政の下に新組織体を結成し、所謂《いわゆる》一国一党の方式の下に皇国政治の指導をなす。

2、天皇に政治の根本方針を仰ぐは勿論、国家諸機関内部、若《も》くは相互間に、意見の一致と見る能はざる時は、凡《すべ》て聖断により之を決定す。これが為、万民の意見を公平に天聴に達し奉る方策につき、遺憾なきを期す。

3、党部は上天皇の御信任を忝《かたじけの》うし、下万民の民意を総合指導し得る真に国体に適合せる組織体なるを要す。

二、経済

東亜連盟の範囲とする雄大適切なる計画を立案して、大経済建設を強行する農村の根本的復興を企図す。

三、社会

1、現今社会不安の根本的原因たる教育制度に革命的変革を断行し、国民をして其才能に応じ、公平に国事に参与する機会を与える。

学閥打倒は其必然的結果たるべし。

2、新党部の建設に伴い、国民の自治機構と再建し、以て官僚万能の弊風を一掃す。

ここには、一国一党方式の新しい政治組織を基にし、皇国政治の指導をとり、意見が一致しない場合は「天皇の聖断」で決定する、と強調している。昭和十三年九月、関東軍副長を投げ出した直後の「昭和維新方略」で、国際視点に立った日満支、国内政治、経済、社会のあり方を提案した昭和維新になっている。

しかし、参謀本部に入った直後の「昭和維新」は、まだ机上プランでどこか初々しい。

昭和維新は日・満・支の東亜同盟から

昭和十年九月、杉山元参謀次長の求めに応じて、作戦課長として国策の柱を提案するが、その中で、あらためて「昭和維新の必然性」を確認し、軍部は積極的に邁進することで「昭和維新の先駆たるべし」と、次の三項を挙げる。

一、対ソ国防の確立。具体的には、
　1、兵備重点の北満移転。
　2、空軍並びに機械化部隊の急速なる充実。
二、軍隊教育を革新し、其威力に依り自由主義の克服。
三、満州国建設の方針は、維新の前衛たらしむにある。

さらに石原は、具体的行動を次のように展開している。

一、極東ソ連軍の兵力増加、並に西比利亜《シベリア》鉄道の能力向上により、有事の場合、遂に敵に優る兵力を集結し得る機会を失わんとしつつあり。速かに所要の兵力を大陸に移駐すること、刻下第一の急務なり。これが為、恐らく日ソ間に国境兵力増加し、競争を惹起すべし。然れども困難なるソ国の極東経営に対し、我迅適切なる北満経営により彼を屈服せしむる能はざれば、我国運の前途知るべきのみ。

此の経営競争に依り、先のソ連国の極東攻勢を断念せしむることは、昭和維新の第一歩なり。

一、目下の情勢に於ては、少くも在満兵力（三個師団）を倍加するを要す。大陸部隊は直ちに作戦に使用し得る如き高定員たるべく、且つ常駐を本則とす。

但し内地残置師団の多き間は、若干師団を交代とす。而して敵情及北満開発の状況に応じ、随時大陸兵力を増加するに便ならしむる如く、諸制度の改革を必要とする。（具体的には）

1、日本内地を十六師管とし、在大陸（朝鮮を含む）師団は内地に動員、並に在郷軍人、青年学校等の教育に任ずる留守部隊を置く。

2、師団に属せざる海外部隊は、凡《すべ》て担任師管を定め、以て内地と外地との連絡を適正ならしむ。

一、我等軍人は、率先未開の北満に定着し、以て国民大陸発展の前衛たるべし。但し之に応ずる諸施設を急ぐべきは勿論なり。満州、特に北満に於ける生活を、内地の生活に近接せしむることは、兵力の北満移駐の為必要なるのみならず、我北満経営の基礎要件なり。北満を自然の発展に委することなく、断乎として、計画的、迅速なる開発を強行するを要す。

昭和十年八月時点における陸軍の師団数は、大正十四年の軍縮により十三（高田）、十五（豊橋）、十七（岡山）、十八（久留米）の四個師団が廃止され、十五個師団と海外の朝鮮十九、二十師団、それに台湾軍の守備隊、関東軍の独立守備隊、旅順重砲兵大隊、支那駐屯軍（天津、北京）があった。

石原は国内に十六個師団を置き、内地の教育を任務とする留守部隊を置く方針を打ち出している。

最も重視したのは北満の強化で、現在満州に駐屯している三個師団を倍の六個師団とし、戦略上、ソ連軍の侵攻が予測される東側に三個師団を、北正面用に一個師団を、チチハルに一個師団を配置する方針を固める。

相沢「君らは若い、まず老人から」

石原が陸軍参謀本部作戦課長として初登庁するのは、昭和十年八月十二日の早朝である。ようやく戸塚に二階建ての古い借家が見つかり、両親と石原夫婦、弟の六郎が同居し、初めての東京生活に入ったばかりだった。

石原には車がないので、市電を乗り継いで三宅坂で下りた。参謀服に身を整え、ピカピカの革靴を履《は》き、緊張した。

隣りは石造りの堅固な陸軍省で、参謀本部の建物は白亜の木造二階建てである。工事中の国会議事堂前の通りに面していて、二つの建物の間に陸相官邸がある。

朝の七時というのに、職員たちの出勤する姿があった。しかし誰一人、新参の石原に気づく者はいない。互いに「おはよう!」と短く声を発して挨拶している。

石原は総務部長の山田乙三の部屋をノックして入り、就任の挨拶をした。山田は突き当りの次長室に石原と同行した。まず杉山に挨拶し、そのあと一部長から四部長室まで案内したあと、第二課長室に入り、前課長の鈴木率道大佐(22期)と引き継ぎを終え、ほっとひと息ついた。

前任の鈴木大佐は、十年度の対ソ作戦計画を策定するなかで、クビを賭けて満州への二個師団と騎兵一旅団の増派を要望した。だが陸軍省は予算の関係で容認しない。それでも鈴木は作戦課長の椅子を賭して、ようやく一個騎兵旅団の増派を勝ちとった。そのあとに、石原が起用された。

石原も満州への増派は三個師団が急務と考えており、鈴木率道とは同じ考えで、鈴木とも約束する。

課員たちに挨拶して、陸軍省へ挨拶に行こうと椅子を引いたのは午前十時頃だった。廊下に出た時、課員たちが血相を変えて走り回る姿があった。

「なに！　それで命は大丈夫か？」

「分かりません！　相当に重傷のようです！」

相沢三郎中佐による軍務局長永田鉄山少将の殺傷事件直後のことである。石原は、「永田局長は」という声を耳にして、思わず立ち止まった。しかも犯人は仙台で一期後輩の相沢三郎中佐である。

相沢中佐が軍務局長の永田鉄山少将に面会して辞職を求めたのは、昭和十年七月十九日である。動機は、真崎教育総監罷免を七月十六日の新聞で知り、直接、永田鉄山に会って辞職を勧告するためだった。

相沢は、「若い奴らがかわいそうだ」と夫人に言って、翌日休暇をとり、福山から上京した。十九日、彼は林銑十郎陸相の秘書官で、青森歩兵五連隊で大隊長仲間であった有末精少佐（のち中将、戦後駐留米軍顧問）を通して永田鉄山に面会した。西田税の家で相沢と会った大蔵栄一大尉によると、無口で口べたな相沢は、先に結論を単刀直入にずばりと言うたちで、辞職勧告のときは、

「閣下が最も重要な軍務局長のイスにとどまることは、皇軍にとって有害であります。即刻おやめになっていただきたい」と勧告した。

永田は、「オオ、そんなに有害かね。マア君の忠告は一応聴《き》きおくことにしよう」と応え、

相沢は、「ありがとうございます」と叮重に敬礼して、その場を辞去している。

福山に戻った相沢は、留守中に来ていた書面や印刷物を読んでいるうちに、皇道派の青年将校に対する弾圧がますます厳しくなっているのを知り、暗然たる気持になった。そしてこのままでは、青年将校が、十月事件のようなクーデターを決行しそうな気がしてならなかった。

彼は五・一五事件を決行した古賀や中村たちと会ったとき、「時期尚早」と止めたが、その前に「君たちは若い。まずこの老人から」と言って、逸《はや》る古賀、中村を引きとめている。

そもそも、真崎教育総督罷免の原因と背後関係は、情報が交錯して、安藤たちには正確に伝わっていない。三月事件、十月事件は、その後の聴きとりで判明し、佐官級のクーデター未遂とは溝ができ、西田、大蔵、菅波、そして歩三の安藤たちは橋本中佐らと一線を引いている。

決定づけた士官学校捏造事件

昭和九年の士官学校事件は、石原の第四連隊も参加した九月の秋季特別大演習中に起きた陰謀事件だった。表向きは、当時の士官学校の中隊長辻政信大尉（36期）の密命を受けた佐藤候補生のスパイ活動で、村中孝次らが士官候補生を使ってクーデター計画があると橋本陸軍省次官に訴え出た――となっている。

ところが、相沢三郎の弁護人となった菅原裕の『昭和史の一原点』によると、黒幕は永田鉄山と士官学校幹事東条英機少将が中心だったと、次のように事件の輪郭を書いている。

「この事件は陸軍省の軍務局長永田鉄山少将、士官学校幹事東条英機少将を中心とし、黒幕として陸軍中央部、士官学校、憲兵隊、軍法会議と広汎な連絡のもとに、革新派の将校が狎《な》れ合って、士官学校の生徒、すなわち士官候補生を煽動して、大規模なテロ事件を計画せしめ、それによって岡田内閣並びに政界の重臣層を屠《ほふ》り、同時に一方ではその責任を当時の教育総監真崎甚三郎大将に帰して、一挙に皇道派の勢力を陸軍から駆逐し、統制派の軍政に進まんと計画して、しかも士官学校の生徒がその陰謀の術策に乗らなかったので、今度は直接事件を画策した永田系の片倉衷少佐、東条系の辻政信大尉が逆に、己れの描いたテロの陰謀計画を以て、士官学校生徒の不穏計画なりとして、これを上司に密告したという形式で、士官候補生に不法の弾圧を加え、さらにそれをもって士官学校の直接監督の地位にある教育総監の責任を問わんとした事件である」

佐藤候補生は武藤候補らと共に、在京していた陸大生村中孝次大尉（37期）、野砲一連隊付の磯部浅一主計大尉、士官学校予科区隊長片岡太郎中尉に、「青年将校が蹶起を躊躇しているなら、われわれ候補生のみでやるか」とカマをかけた。村中らには、五・一五事で候補生が蹶起した苦い経験がある。そこで佐藤らを引き止めようと、即席のクーデター計画を示して、佐藤らの軽挙をいましめて帰した。

佐藤らは、「したり」と辻に報告し、辻はこの捏造《ねつぞう》を橋本次官に密告した。その後、村中、磯部、片岡らは検挙、投獄され、調べ上げられた。ところが、事実無根なることが明瞭になり、逆に村中は辻、片倉らを非難するようになる。

磯部は獄中から辻、塚本憲兵、片倉らを誣告罪《ぶこく》で起訴した。翌十年二月下旬、村中らは証拠不充分で不起訴となり、三ヵ月ぶりに釈放された。しかし、陸軍省は村中、磯部、片岡の三人を停職にしたうえ、候補生全員を退校処分にした。

村中と磯部は何回となく嘆願したが無視され、誠意ある回答が得られなかった。ついに村中は、「粛軍に関する意見書」を書き、全陸軍に配布した。福山の相沢三郎のところにも届いた。手にした麻布歩三の青年将校たちは、怒りを押さえ切れぬほどだった。

真崎教育総監罷免の真相

林陸相は、永田軍務局長ら統制派の幕僚の意見に左右されるようになると、荒木、真崎の意志を引き継いで陸相になった恩など忘れた。逆に林は、三月事件、十月事件、九年暮れの陸士学校事件に、荒木、真崎が係わり、特に真崎教育総監の責任だ、という、永田と片倉ら四名の策略に乗る。二人で満州を視察して帰国した林の変化は、真崎ならず、皇道派の将校たちを驚かした。

ついに林は、十年三月に松浦淳六人事局長を、真崎に相談なく異動させた。四月頃からは真崎の総監退位に出た。理由は、三長官会議で天皇機関説について訓示を出し、内閣の最高政策の一つである宮中、重臣方面に手を延ばしたということで、危険視扱いに出る。松浦によると、七月十一日、林陸相は八月の大異動内容に入る前に真崎に対して、

「君は閥を作りその頭首となる。君が人事関係たる総監の位置にありては軍の統制できず、よって軍事参議官に変わって貰いたい。総長殿下は君を現役より退かしむべき御内意あるも、これは出来ませぬ、と殿下に言上しあり」

「閥をつくるとは何を指すか」と真崎。

「総監部には七田大佐（佐賀出身）あり。参謀本部には牟田口大佐（佐賀）あり、補任課長に小藤大佐（土佐）あり」と林は名前を出す。

「七田は予の総監就任前より二課長なり。牟田口は永田が推薦したものなり。小藤は顔も知らない」と真崎は反論した。

二人の協議に、荒木陸相を補佐してきた奏真次中将（憲兵司令官、第二師団長）のクビ事件がある。奏は東久邇宮のあとの仙台二師団長で、石原は四連隊だった。その奏のクビを、林は大臣の権限で実行する。

協議は十五日に延び、林、閑院宮対真崎の対立となる。松浦によると、「総監、あたかも被告なるかのごとき位置にすえ、総監更迭のやむなき理由を述べたるも、総督もまた所信を述べ、師団長級の人事には即答しかねたき」と述べたとある。

しかし十八日の軍参議官会議までのやりとりをまとめると、すでに林は人事を、上奏の取り扱いをする参謀本部（閑院宮総長）に渡し、天皇の裁可手続きに入っていた。参議官会議では、荒木が「三月事件、十月事件は、永田少将の肉筆になる革命計画、爆弾等なり」と、痛烈に論難して林を追求した。

林は、「知らなかった。よく調べてみる」と逃げる。

松井石根は驚き、「そんなこと、はなはだ不可」と責める。

荒木は、さらに「人事は三長官の協議をもって行ない、三長官の連署上奏より参議本部にこれを取り計い、御裁可を仰ぎあり。なぜこれを無視するか」と問うと、真崎のあとに総監となる渡辺錠太郎は、「御裁可でなく、上げ置き上奏の程度なり」と林を弁護した。

だが、参謀本部の杉山元次長が「いや、御裁可を仰ぎあり」と否定すると、林は、「次長、次官がやってよろしいと言うからやった」と言い訳する。渡辺は、「三長官まとまらぬ時は、多数決にて行なうものなり」と。

渡りに舟とばかりに林は、「まとまらぬ時は二長官にてやりうる」と、しめくくった。そこで真崎は、「しかり。しかれども、その時は陸軍大臣が責をとり、自ら辞める時なり」と責めた。

この参議官会議でもって、林も九月五日に陸相を辞任し、参議官の川島正之に譲った。

林は主体性のない男である。昭和十二年三月、石原、片倉、浅原が担いで総理大臣にし、書記官（官房長官）に満鉄にいた十河信三を起用することでスタートしたのに、途中で横槍が入り、石原に相談なく勝手に十河を外し、また板垣の陸相就任も下ろし、石原や片倉、浅原を裏切ることになった。

林は軍予算だけをつくって「喰い逃げ内閣」と呼ばれ、わずか三ヵ月で退陣する。石原の「昭和維新」の国家プロジェクトは失敗に終わる。

相沢中佐、永田軍務局長に天誅

さて、八月の人事で、永田に噛みついた相沢は、海外、それも台湾歩兵第一連隊付予備役に飛ばされた。島流しである。

「ここまで来ると、若い連中が身を捨てて何ごとか起こしかねんな。彼らを死なせちゃいけない。この老兵が先だ」

一面全頁に発表された陸軍史上初の大幅異動の記事を読んでいた相沢は、この時、永田への天誅《てんちゅう》を決めていた。すぐに家具を梱包しはじめた。荷物はいくつもない。すぐに相沢は、ほとんどの荷物を船便で先に台北に発送した。あとは手荷物のみである。

八月十日の朝は、家族みんなで、団欒《だんらん》の朝食をとった。家族には「東京へ挨拶に行ってくる」と言って借家を出た。子供たちの打ち振る手に応えながら、彼は一度だけ振り返り、右手を挙げた。それが、家族との最後の日だった。

連隊長の樋口季一郎大佐に、上京の許可をとると、トランク一個を持ち、大阪行きの急行に乗った。大阪では四師団長の東久邇宮を訪ね、その足で宇治山田に足を伸ばし、伊勢の大廟を拝した。

翌朝、東京行きの列車を乗り継ぐ。東京には夜九時着。明治神宮に参詣し、「われに誤りなければ永田を討たせ給え」と祈った。祈りが終わると、千駄谷の西田税の家を訪ねた。その夜は戸山陸軍学校教官の大蔵栄一大尉も一緒だった。

翌八月十二日、相沢は西田の家を出ると、まっすぐに三宅坂の陸軍省に向かった。整備局は裏門に近い。裏門で車を止めると、整備局長の山岡重厚中将の部屋に入り、形どおりの転任の挨拶をした。山岡は土佐生まれで荒木と親しく、皇道派の一人。

「永田に何の用事で会いに行くのだ？」

と山岡が訊《き》くと、相沢は、「転任の挨拶に参ります」と答えた。山岡は悪い予感がした。

「相沢！　行くのはよせ！」「無茶するんじゃないぞ！」と、部屋を出て行く相沢の背中に呼びかけた。

午前九時四十分頃である。早朝に出勤した永田は、兵務課長の山田長三郎大佐と、「粛軍に関する意見書」の小冊子を回収して風呂敷に包んで持ってきた憲兵隊長の新見英夫大佐と向き合って話していた。三人は軍事課長の橋本群大佐の入室を待っていた。それとは知らず、相沢はノックはせずに、そのまま入る。

入口には衝立《ついたて》がある。相沢はすぐに抜刀すると右側から入り、新見、山田のうしろ側を回ると、咄嗟に逃げようとした永田の背中から右肩を袈裟にかけて斬り下ろした。ところが背中を斬りつけて失敗。永田は逃げようと軍事課長室のドアの把手をつかんだ。

相沢は逃げられてはまずいと思って振りかぶったが、新見に止められ、新見の腕を斬ったあと、そのまま銃剣術のように左手で刀身の中ほどを掴み、永田の背中を突いた。

剣先は永田の体を突き抜け、ドアに突きささった。永田が二、三歩退《さが》って崩れたところに、トドメを刺した。相沢は軍刀を静かに鞘に収めると、部屋を出た。山田は逃げ出している。

廊下では、去って行く相沢に、根本博大佐が握手を求めた。また軍事調査部長の山下奉文少将の「相沢、おちつけ！」という声が聞こえたが、相沢はそのまま山岡重厚の部屋に戻った。

大蔵栄一によると、「山岡は感慨無量であった。真崎追放のあと、きたるべきものが来たという感じだった」と記している。その山岡は、十二月二日付で金沢の九師団長に出され、翌年の十二月一日付で参謀本部付になり、三月で待命となった。

相沢の殺傷事件は全国の同志青年将校たちに大きな衝撃を与えた。村中と共に停職させられた磯部浅一は、戸山学校に大蔵栄一を訪ね、ばったりと校門前で出っくわした。

「これから同志四、五人で斬り込めば、陸軍省は簡単に占領できるよ。行こうじゃないか」

と急《せ》きたてた。

大蔵は唐突のことで、「そう焦るな」と制した。

磯部は円タクを拾うと陸軍省に行き、軍人が右往左往しているのを見て、「どれもこれも平素の威張り散らす風、気が今は何処へやら行ってしまっている。余はつくづくと嘆感した。これが名にし負う日本の陸軍か。これが皇軍中央部将校連か。今直ちに省内に二、三人の同志将校が突入したら、陸軍省は完全に占領出来る。情けない軍中央部だ。幕僚の先は見えた。軍閥の終りだ。今にして上下維新されずんば、国家の前途を如何せんという普通の感慨を起すと共に、ヨオッシ俺が軍閥を倒してやる。既成軍部は軍閥だ。オレが倒してやるという決意に燃えた」（磯部の遺書「行動記」）

大蔵は憲兵に取り調べられ、十年十二月の定期異動で、戸山学校体操研究部員を免ぜられ、歩兵七十三連隊（北鮮の羅南）中隊長に飛ばされた。

栗原「悪を斬るのに時機はない」

十二月の定期異動の数日前のことである。第一師団の北満駐留が内示された。その直後の十二月十日、在京同志の十四、五名が集まり、大蔵の送別会が麻布の竜土軒で行なわれた。サンドイッチとコーヒーだけの宴の席で、磯部と栗原は、北満異動の前に、始末をつける、と息巻いた。

大蔵は別室で磯部に、

「時機ではない。相沢の一撃で時機到来と思うのは錯覚だ。相沢さんが巻間の妄説に躍らされたという彼らの反撃を打ち砕いて、決して妄説でなかったことを公判で立証し、国家の歪められた現実をさらけ出すことによって、革新への足がかりが得られると思う。二年間の満州駐屯を終えてからでも遅くない。それまでに世の中をもっと啓蒙しなければ」

と反対した。

しかし磯部は、

「第一師団が留守している間、幕僚どもがどんな策動をするのか知れたものではないですよ」

と、決意は固い。大蔵は、

「満州で実戦敵訓練を重ねつつ、外から内の腐敗の状態を見れば、それがかえって革新的に団結が強化される。国家の前途は、もっと長い目で見なければいかんと思うな」

大蔵は栗原とも十分ほど話した。磯部に話した内容を伝え、自重させた。

大蔵は間もなく羅南へ転任して行った。しかし磯部と栗原は、一時的に落ち着きを取り戻した。だが在京の同志たちは、「相沢中佐にすまぬ」と思いつつも、「もの笑いの種になるぞ」と思い直すようになる。

立ち上がったのは若い栗原少尉で、磯部に「相沢さんのことだって、青年将校がやるべきです。来年我々が渡満する前までには、在京の同志が私と同様に急進的になってくれたら、維新は明日でも、今直ちに出来ます。私は必ずやるから、磯部さん、そのつもりで尽力して下さい」と決行を促した。

磯部は栗原の決意に胸をうたれ、

「君がやる時には、何人かが反対しても、私だけは君と共にやる。悪を斬るのに時機はない」

と語り合った。

磯部は村中、香田にも意中を語った。すると二人は、「来年三月頃までには解決せねばならない」と時機を制限した。なかでも香田は、真崎大将更迭は統帥権干犯だと激しく憤り、蹶起するときは、武装を整え、週番に服してやる決意だった。

磯部は行動を隠蔽して、雑多な人と雑談することを避けた。同時に毎朝早く起き、明治神宮に参拝し、北一輝の国体論の精読、浄書を日課とした。

前後して、相沢中佐の予審がかなり進んだ頃、弁護士を誰にするかとなった。相沢は特に指定しなかったため、西田、村中、渋川善助、大蔵が集まって協議した。その結果、第一候補に作戦課長の石原莞爾が浮かび上がった。さっそく、同郷で後輩の渋川が交渉した。石原は、「喜んで特別弁護人を引き受ける」と快諾した。そのことを相沢に伝えると、仙台の幼年学校以来一年後輩の相沢は、心ひそかに期待していた石原が引き受けてくれたことに喜んだ。

それからしばらくして、渋川は石原大佐を訪問した。その時、石原は、

「相沢の弁護は大いにやるつもりだ。だが、相沢の悪い点は徹底的にやっつけてやるつもりだ」

と逆表現して、渋川の反応を見た。渋川は、「石原に反発した」となっているが、西田、大蔵の三人で協議した。その席で渋川は、

「石原大佐は、特別弁護人として不適格のような気がします。相沢の悪い点を徹底的にやっつけてやるつもりだと言うんです。これでは何がなんぼでも、適当な弁護人とは思えません。反発しても、それで行くというんですから」

怒気をこめて言った。

石原が不適任と決めた三人は、富永良男中佐、陸大教官の満井佐吉中佐を候補に上げた。しかし、富永はネームバリューに欠けるため、満井中佐となった。

後日、富永良男（大佐）は石原に会った。石原に、

「相沢の弁護を、なぜオレから満井に代えたか。オレはどうしてもそのわけが分からん」

と理由を聞かれた。その話を富永が大蔵に質《ただ》すと、大蔵は、

「たいした理由はなかったんです。しかし、西田さんも渋川も殺されてしまった今日、そのわけを知っているのは私だけになりましたけれど」

と弁解した。すると富永は、

「あの人は逆表現の好きな男でね。お前はまだ石原に会ったことがないな。一度会えよ」

と強調した。しかし、大蔵は石原を恐れたのか、会いに行かなかった。

相沢の公判は、石原を起用しなかったばかりに敗れ、死刑判決となった。

第四章――安藤大尉の決意

石原、国防国策と満州産業開発に取り組む

石原が作戦課長に着任した八月から十二月までの四ヵ月間、陸軍省は相沢事件後の処理で振り回された。陸相の林銑十郎は九月五日付で辞任し、皇道、統制の派閥とは無色の川島義之参議官に変わった。軍の人事と予算を握る軍務局長には八月十三日、人事局長の今井清が就任している。

また永田鉄山局長室に居合わせることが出来なかった軍事課長の橋本群大佐は、十月十一日付で陸軍省から朝鮮の鎮海湾要塞司令に飛ばされ、十一年八月の異動で天津の支那駐屯軍参謀長に就任する。

石原大佐は陸軍省の抗争人事に関係なく、次々に問題解決に着手した。彼はすぐに第二課員から状況報告を受けた。驚いたことに、この四年間、軍備が極めて不備で、国防上の重大

な欠陥に気づく。八月は来年度（十一年四月から）作戦計画案がほぼ固まったところである。

しかし課員の作戦計画を読んだ石原は、「作戦計画はあるが、戦争計画がない」のに愕然とした。それは陸軍だけではない。彼は課員に説明した。

「わが陸海軍には作戦計画はあるが、戦争計画はない。これでは国防を全《まっと》うすることは出来ない。今や世界の列強は国防国策を基とし、外交を律し軍備を整える準戦時代に入っている。漫然と想定敵国を列挙して、外交や国力と別個に、軍備だけをもって国防を全うしうるものではない。速やかに戦争計画を策定して国防国策大綱を制定しなければならない」

ここに言う戦争計画とは、いわば戦争経済計画である。国力、産業生産力、軍備力のことで、それをどう生み出し、作戦するかである。国力のないまま戦争することの結果が敗北であることを暗示している。

石原はすぐに国防国策案をつくり、十二月十七日、海軍との間で懇談した。ところが海軍側の軍令部福留繁課長は、「海軍は満州事変には当初は反対であった。それは全く対外関係の悪化が、勢いの赴くところ列国相手の戦争にまで発展することを得し難いのを憂慮したからである。海軍が主張する北守というのは、国策として北はこれ以上進まないことを決めることを意味し、南進とは日本の将来の発展を方向づけようというのである」と、すでに昭和十年暮れの時点で「北守南進」の構想を持っていた。

石原は「北守南進」には国力もない時点では反対で、

「北守という言葉は満州経営をやめろというひびきを持つので同意できない。今後十年間は、日本は脇目もふらず、満州の経営に専念すべきである。それ以外には他意はない。南進とは、僕自身が北方でやったことを海軍が南方でやらかすのではないかと心配である。このような方針が書き物で決められることになると、必ずそれを実行する者が出てくる。ここ十年間は満州以外に国力を割《さ》くべきでない。南進を打ち出すのはその後にして貰いたい」

と言って、海軍との間に国防国策の協議に取り組んだ。

その前に「昭和十一年度帝国作戦計画及之に基く訓令」を九月三日に上奏し、天皇の裁可を仰いでいる。骨子はこうである。

「日本の輸送力とシベリア鉄道の輸送力との優劣により、初めその期間はソ連より有利に兵力を集中しうるものと考えていた。満州事変以後二、三年にして驚くべき国防上の欠陥を作ってしまったので、日本は直ちに急速な軍備拡張をやることにした。

大体の着想は、ソ連の極東兵力に対し、少なくとも八割の在満鮮兵力を終始持つこと。具体的兵力は満鮮八個師団、すなわち三個師団を増加するのが昭和十年の国防計画の骨幹であり、特に航空戦備に重点をおく。これもなるべく早い時期に八割は保持したい。無敵の空軍を建設したい。将来戦は、間違いなく空軍力の優劣で決まる」

「国防力の充実に伴う日満経済力拡充計画を立案する組織を、参謀本部の外郭機関として設けた。これには松岡洋右満鉄総裁、板垣征四郎関東軍参謀副長（九年三月就任）らの協力で、満鉄経済調査会参事宮崎正義に委託することにした」

この計画のうち、まず満州を開発する「満州産業開発五ヵ年計画」を策定し、宮崎正義を中心とする委員とスタッフを集め、機関事務所として、東京駅のステーションホテル二階会議室を借り切った。通称「宮崎機関」と呼ぶ。

宮崎機関と呼ばれた満州産業開発五ヵ年計画は、陸軍省も大いに賛成し、予算をつくった。翌年六月には、膨大な第一次「日満産業五ヵ年計画」を策定し、十二年度から実施に移すことになる。

一方、海軍との国防国策では、翌年一月二十三日と二月十四日に軍令部と詰めに入った。しかし、担当者間ではなかなか意見の一致が見えず、今後は両方の次長間で折衝することになり、二月の月末を予定した。

今後の日本の国防方針を決める最大の国防国策だけに、石原は腹を切ってでも陸軍側の要求を押し進める決意を固めていた。

だが、この国防国策の決定は、やがて二・二六事件で、一時中断することになる。石原にとっては、無念の事件となる。

元旦、安藤ら首相官邸へ年賀

昭和十一年の元旦を、安藤輝三大尉は世田谷上馬の借屋で、独りで過ごした。妻の房子は静岡の実家へ二人目の子供のお産で帰っていたからである。妻と子供のいない正月の屠蘇《とそ》は、酒を呑めない彼にとっては、淋しいものだった。

安藤、坂井、新井ら青年将校数十名は、元旦は恒例になっている皇居を遙拝後、各皇族邸を回って年賀の挨拶をした。そのうちに誰かが「首相官邸へ祝賀に行こう」と言った。彼らは首相官邸で護衛警官にその旨を伝えた。しかし岡田首相は不在ということで、代わりに、歩三から天津の駐屯地へ転属となった松尾新一大尉の父親で岡田の義弟松尾伝蔵大佐が出て来て、快く応対した。

のちに二・二六事件の朝、歩一の栗原の部下により岡田と間違えて射殺されるが、歩三の将校たちは元旦の挨拶のさい、顔を合わせていて知っていたが、歩一の将校たちは誰一人知らなかった。

実は首相官邸への年賀の挨拶は、彼らにとっては偵察することが目的だった。彼らは松尾と岡田の顔がよく似ていたので驚く。

歩一、歩三には一月十日、初年兵千三百九十一名が入隊した。歩一ではこの日、本庄繁侍従武官長の娘婿の山口一太郎中隊長（東大出）が、見送りに来た父兄に、内閣攻撃を織り込んだ挨拶文を配布して大演説をやったから、現場に潜入していた私服の憲兵が驚いた。山口はこう演説した（要旨）。

「私はこのたび中隊長として皆さんの大事な息子さんを預かることになりましたが、誠に申し訳ないのは、息子さん方に満足なものを着せ、充分なものを食べさせてやることが出来ないことです。特に兵舎はごらんのように粗末なものです。隙間風も入れば寝台も酷いものです。それもこれも、全て大蔵大臣（高橋是清）がわれわれの要求する軍事予算をとおしてくれないからです。皆さん、息子さんを可愛いいと思ったら、どうか大蔵大臣に文句を言って軍事予算を増額させて下さい。われわれはいつ満州へ行くか分かりません。命を捨てる覚悟で行く青年を、もっと大切にしてやろうではありませんか」（芦澤紀之『暁の戒厳令』）

明らかに政府攻撃を意識した演説になっている。

この頃になると、相沢公判第一回目が一月二十八日と決定する。歩一、歩三の革新派青年将校の気運は、公判を有利にしようと盛り上がっていた。

歩三では一月十七日の夜、常盤稔少尉が一隊を率いて演習に出た帰路、皇居を背にして桜田門の警視庁を目標にした突撃演習を行なった。これは仮想襲撃だが、二・二六事件では、皇居を背にして警察機関の活動を封殺することに成功する。常盤は野中四郎の第七中隊の襲撃に参加した。

安藤の第六中隊では、柳川平助に変わって第一師団長になった堀丈夫の初年兵視察を控えていた。彼は、初年兵の内務生活の環境整理に追われた。

堀師団長が歩三を視察したのは一月二十三日である。安藤の六中隊も、初年兵の視察を無事に終え、ほっとした。ちょうど三日前の二十日、安藤の妻房子は、二男を出産して、三ヵ月ぶりに世田谷の家に帰り、一家四人で久しぶりに楽しい夜を過ごしていた。

このところ、磯部は歩三に顔を見せない。磯部は武力蹶起の決意を固め、秘かに動いていた。磯部は新宿百人町の山口一太郎の家で、栗原、香田、村中の四人で官邸周辺の地図を囲んで襲撃ルートを打ち合わせる。相沢公判に集中していた村中も呼ばれて協議した。この頃はまだ蹶起計画は決定していない。

主として一月二十八日の公判に向けて、西田と村中は全神経を使っている。しかし西田は私服憲兵に見張られていた。

公判前夜の二十七日夜のこと。麻布竜土町の政界浪人亀川哲也の家には、石原莞爾に代わって相沢の特別弁護人になった陸大教官の満井佐吉中佐と、西田税、村中孝次、磯部浅一、山口一太郎、香田清貞、安藤輝三が集まった。

彼らは満井特別弁護人が作った重大提言三項目など、公判資料を回し読みして、確認しあった。まだ蹶起とは決めていない。相沢公判一本槍だった。磯部だけが蹶起の準備に入っていた。

公判の朝、磯部は世田谷の真崎甚三郎大将の家を訪れ、前夜のことを報告する。真崎には、何かが起こる予感がしたが、公判運動のためを思って、真崎は運動費用に五百円を磯部に渡す。

相沢公判始まる

相沢の第一回公判は一月二十八日午前十時から午後三時四十七分まで、青山の第一師団司令部内の法廷で開廷した。一般傍聴希望者二百余人が前夜から押しかけ、うち二十五名が選定され、その他百名の特別傍聴人と共に入廷した。

法務官席には堀第一師団長、岡部陸軍次官、大山法務官らが並ぶ。裁判長は佐藤正三郎、ほか裁判官五名。検察官は島田朋三郎法務官。

相沢は警官四名に護られ、軍帽を右手に無刀で入廷。開廷宣言のあと、人定訊問、公訴状を読み上げる。間髪を入れず、満井中佐が「進行に関し重大提言がある」と三項目を提言した。

一、本件の予審調書・公訴状の内容は、はなはだ不明瞭。相沢の行為が公人か私人の資格で行なわれたか、犯行の主体たる被告の本質を審理しておらず、この点不明瞭。

二、原因・動機たる社会的事実、すなわち軍の統帥が財閥、元老、重臣、官僚らによって攪乱されていた事実について未審理だ。

三、被害者たる永田少将の卒去の時刻が不明瞭。陸軍省の公表によれば午後四時卒去とある。どちらが正しいか。

しかし裁判長は、満井の陳述を一蹴して進行する。

相沢は杉原法務官の「検察官の公訴事実は認めるか」の質問に対し、「大体は認める。その原因、動機について詳細お取り調べを願いたい」と要求した。そのあとは相沢の身辺のやりとりが続き、十一時四十分に午前の審理が終わる。

午後は二時八分に審理開始。杉原法務官は、「国家革新の思想はいつ頃から持ったか」と質問した。

相沢は屹《きつ》となって、

「国家革新ということは絶対にない。いやしくも日本国民に革新はない。大御心によってそのことを翼賛し奉ることである。繰り返していうが、国家革新は絶対にない。私が昭和四―五年頃、日本体操学校にある時、国家の状態は万般にわたり実に情けない状態であった。例えば農民は貧国の民のように心が荒んでいた。農村には小作争議が起こり、共産主義に心動き、鉄道大臣、賞勲局総裁が妙なことをし、最高学府でさえ御国につくすことを教えず、経済の中心も私欲に基づく権益擁護に動いていたのである。

また外交も、満州事変突発以前は情けない状態であり、海軍条約も統帥権干犯の不都合があり、こうした例は毎日のごとく、大御心を悩まし奉って臣下として申訳ないと思ったのである。こう考えると、単に体操学校で愉快に生徒と共に御奉公を申し上げるだけでは済まないと感じたのである。（中略）

青森に赴任する時、心に憂いを持って行ったが、当時中尉であった大岸頼好大尉の建国の精神を聞き感動し、大君に尽くさねばならぬことを、心の中の実際に照らして知った。幼少から父の教えを受けていたものの、実際にはなすべきことを知らなかったが、この青年将校に会って初めて心の憂いを断つことが出来た」

そして青年将校の気持を、

「青年将校の考えもひと口に申せば、尊皇絶対である。例えば軍について連隊長なら連隊長はあくまでも陛下の御身代わりとして動くべきである。俺が俺がと私欲で動くことは絶対にいかぬ。軍以外でも絶対にいけないことである。青年将校は如何にすべきか。とにかく陛下の御そばに赤誠の人物、時代の進路を知り、ひと口に言えば、尊く明るい知識をもった英邁な人がお仕えすべきである。（中略）

人生は悠久の進化である。昭和維新は明治維新と違って、返上ではない。返上は国家革新思想であり、外国思想である。かの明治維新も一朝にはなしえなかった。よろしく時代を顧みて、徐々に開拓すべきである」

そして被害者永田鉄山少将については、

「永田閣下に政治的野心があるというのは、同志（曽根、大蔵、安藤、佐藤、香田の各大尉、西田税、海軍では古賀、中村両大尉）から聴いた。外には怪文書である。それによって世の中の状態を直感した。永田閣下の政治的野心とは、策動して元老、重臣、財閥、官僚などに近寄っていることを政治的野心と観察したのである。要するに、昭和維新への仰圧はすべて永田閣下が中堅であった」

と述べ、午後三時三十七分に閉廷した。

この夜、麻布の竜土軒に香田、山口、栗原、磯部、村中、安藤が集まり、相沢公判の報告を聞く。相沢の永田鉄山の政治的野心についての件《くだ》りになると、みんな感慨深げに眼を閉じ、頷《うなず》いた。しかし、三月事件に反対だった永田が軍事課長のとき、「永田直筆のクーデター計画書」があったことは、まだ相沢には知らされていない。

しかし、北一揮（輝次郎）、西田税、磯部浅一、村中孝次名で提出された「宇垣一成外八名に関する内乱予備罪の告発状」の内容は、村中の告訴状で歩一、歩三の青年将校たちに届けられ、ほとんどが読んでいる。

荒木貞夫参議官は参議官会議で林銑十郎陸相に、「永田直筆（陸軍用箋紙）の計画書」を見せている。まだ満井も法廷に持ち出していない。

慎重派の安藤は二日早々に、村中や磯部の情報だけでは判断を誤ると考え、軍事調査部長の山下奉文少将の家を訪ねた。同行したのは六中隊の新井、坂井中隊ら十五、六名である。

山下は皇道派の有力者で、中央の情報に詳しい。安藤たちが岡田内閣をどう思うかと質問すると、山下は、

「岡田なんか、ぶった斬るんだな」

と答えた。永田については、

「小細工をやりすぎる。小細工はいけない、大鉈で行け」と語る。

同行した新井中尉などは、「部下に責任のない職務につくと、こんなに無責任になるものか」と、意外に思えた。

相沢公判は一月三十日の二回目に続いて、二月一日に三回目、二月四日に四回目、六日に五回目が行なわれた。五回目の公判で満井特別弁護人は、「相沢中佐は陸軍歩兵中佐相沢三郎としての公人資格で決行したのか」と相沢に質《ただ》し、「そのとおりであります」と、やりとりが公《おおや》けになる。

この頃になると、歩一、歩三の維新への足並みが揃いはじめた。安藤が週番司令日の九日夜（日曜日）、歩三の週番司令室では、磯部、安藤、栗原、中橋、河野ら五人が集まった。彼らは、秘匿のため、会合名を「A会合」と決め、この五人が決行部隊の責任者となる。それ以外の者は参加させないことにした。

そして他の同志が参加する会を「B会合」とすることを申し合わせる。A会の河野は所沢飛行学校の河野寿大尉で、「単身で牧野伸顕を狙う！」と言って磯部を驚かせた。「A会合」には、村中は入っていない。村中は渋川と共に西田税を助けて、日夜、相沢公判に精力をそそいでいた。

二月十一日は紀元節。磯部は西田を訪ねる。歩三では初年兵に酒と赤飯がふるまわれた。だが安藤の六中隊は、翌日から射撃演習に入った。安藤には何か期するものがあったのだろうか、初年兵の射撃訓練はまだ早いはずだが、実戦さながらの激しい訓練である。初年兵の中には、癲癇《てんかん》を起こしそうな者まで現われた。

この日は相沢公判六回目で、橋本虎之助次官の証人訊問が行なわれた。しかし非公開。夜は竜土軒に集まり、報告会となる。席上、栗原と磯部が、「即時蹶起だ！」と強調した。

この日、蹶起には反対だった歩一の山口一太郎大尉は、「蹶起は失敗するだろう」と予感した。だが三月には師団の渡満が迫っている。「やるなら今だ。歩一、歩三が協力しなくてもヤル」という磯部と栗原の意見に傾く。香田も村中も、蹶起を決意した。

ただ一人、安藤は違った。「時機尚早」と答える。ところが、二・二六事件の行動準備に立つ十日前の十五日のA会合で、ついに安藤は蹶起を決意した。

この日は土曜日である。正午、歩三の週番司令が、今週から第七中隊長の野中四郎大尉と第六中隊付の堂込曹長の二人に変わる。

頭初は六中隊長の安藤が週番司令だった。ところが、慣習により同じ中隊の者は週番できないことになっていたので、七中隊長の野中に変わった。安藤は二十二日から二十九日までの週番勤務になる。しかし同じ中隊の中隊長と副官が一緒に週番勤務することは規定で禁止されているわけではない。安藤はそのまま十五日から二十二日まで、週番司令を続けることも出来た。

ところが安藤は、野中に変わってもらい、彼自身は二十二日からの勤務に切り変える。どっちが言い出したのか。Xデーが近づいている安藤の方から持ちかけたと見るべきだろう。

蹶起後の政治工作を懸念

週番勤務を野中に変わってもらった安藤は、十五日の夜、磯部浅一と共に、山下奉文の家を訪問した。山下に期待を持って聞いていた二人に、

「統帥権干犯者は、戒厳令を布いて斬るのだな」

と言った。磯部も安藤も、山下のこの言葉を聞き、元気づいた。

十八日夜は、栗原の招集により、安藤は目黒駒場の栗原安秀中尉の家に行き、村中、磯部と合流した。この夜、栗原は来週中に決行しようと提案した。彼らは満州行きが迫り、移動準備に入っていた。

村中と磯部が同調し、「来週中に蹶起だ」と安藤に迫った。またも、寡黙な安藤は、

「蹶起後の政治工作に、自信がもてない」

と反論した。しかし、時機については「来週中の決行」で初めて一致する。

部下を持たない磯部と村中は、「なぜやれんか」と迫る。すると安藤は苦渋の声で、

「私は君と違って部下を持っているから」

と応えた。

磯部は十九日、東京を発って豊橋に向かった。夜、豊橋市の対馬継夫中尉宅を訪れ、蹶起

が二月末か三月初旬になったことを伝える。磯部は、竹島勝雄中尉と共に教導学校の学生を率いて、興津の元老西園寺公望を襲撃するように頼む。対馬はこれを承知し、協力することを約束する。

東京では同じ十九日夜、栗原は、山口一太郎から西田税が会いたがっているとの知らせを受け、千駄谷の西田邸を訪問する。西田は時機尚早、軽挙妄動を戒めた。しかし、栗原は西田に向かって、

「貴方から意見を聞こうとは思いません。私どもがやっても、貴方には関係ない」

と突っぱねた。

安藤も、西田の招きを受けて、翌二十日、西田邸を訪れた。安藤としては時期尚早で、満州より戻ってからでもいいという気持もある。彼としては、西田の意見が聞きたかった。

この日、二人が話した内容は、事件後、憲兵の西田調書に詳しい。西田は語る。

「最近何かやろうと言う空気になっていて、自分（安藤）は、やるとなれば重鎮であるが、後の事がよいか悪いか判断がつかぬと申しまして、一週間前に将校が集まって相談し、その時、野中大尉に話をしましたところ、叱られました。そこで一応断わりました。村中にも話しましたが、同じように叱られました。それで従来の例から、今度は全般の空気が治まらなくなったと申しておりました。なおのっぴきならないから、もし貴方が反対すれば命も取らなければならない、と申しておりました。

私は安藤に、僕の意見としては直接行動はやって貰いたくない。場合によってはやるべきだが、現在は時機ではないと申しますと、安藤は大体、私の意見を聞いたようでした」

安藤は栗原の家では、かなり叱られていた様子が想像できる。

二十一日の夜、磯部は世田谷上馬の安藤の家を訪れた。磯部は、真崎、本庄への上部政治工作と、前夜、豊橋に行って蹶起を快諾してもらった話をして、安藤に決断を迫った。

磯部は、周到に準備していて、説得力があった。しかし安藤は、「もう一晩考えさせてくれ」と言って、磯部を玄関の外まで見送った。

すると翌二十二日朝早く、磯部は安藤を訪ねてきた。この日から一週間、安藤は週番司令の任務につく。五時の閉門に間に合わない歩三の兵隊たちを取り調べる立場である。

安藤は前夜、「安藤が参加しなければ、野中大尉の第七中隊も坂井中隊の第一中隊の出動もむずかしくなる」と言われていた。そこで彼は、思い悩む。安藤が参加しなければ、中村一太郎、栗原の歩一の中隊を中心とした小部隊が蹶起することになる。

歩三が参加しないまま、決行して失敗した場合は、安藤は同志を見殺しにした卑怯者となる。

磯部を見送った夜は、悩みに悩み、ついには妻の房子に、「磯部という男をどう思うか」とまで訊《き》く。

彼には歩一、歩三の同志たちを裏切ることはできない。

「始めっからやる気もないくせに、革新派の闘将ぶって、いたずらに騒ぎ回っているにすぎんか。嫌でもなかなか降りられない。あとは時期尚早の自重論で行くしかなかった」と自責に苦しむ。

安藤大尉、蹶起決意の朝、重病の妹を見舞う

二十二日早朝の磯部の来訪は、安藤の蹶起決意を固めさせた。磯部は前夜、安藤の決意を聞き出せなかったことで、眠れなかった。眼は充血し、眼光が鋭く光っていた。

「どうだ、決めたか」

と磯部は詰めた。

安藤も、同志たちを見殺しにすることになるか、と思うと、眠れなかった。重鎮としての面目もある。それに、今夜から週番司令になると家に帰れず、妻房子、二人の子供とも、これが最後の日になるかと思うと、やり切れなかった。日本赤十字病院に入院している妹ふじ枝の病気も気になる。医者からはほとんど見放され、重態だった。

「今日は、どうしても、決着するぞ」

と磯部がさらに詰め寄った。その時、安藤は二度頷《うなず》いて、承諾した。押し切られたと言ってよい。

「そうか」

安藤を説得した磯部は、事情を知らぬ安藤の妻房子に、厚く礼を言って辞去した。

それからの安藤は、蹶起計画を妻房子に知られないように行動した。二人の愛児を抱いて愛撫し、

「じゃ、行ってくる。今日から週番だ。一週間帰れんぞ。気をつけてな」

そう言って家を出た。寒い朝だった。途中、日赤病院に立ち寄り、妹を見舞った。ちょうど母も看護に付き添っていた。母に一週間の週番を告げると、病室を出た。見送りに来た母に、

「お母さんも気をつけて下さい」

そう言って別れた。その日が永遠の別れになると覚悟していたが、安藤はいつものように、手を振った。

歩三に出勤した安藤は、すぐに坂井直中尉を中隊長室に呼んだ。そして、「蹶起する」と決意を打ち明け、「新井（勲中尉）には洩らすな」と念を押した。

正午、安藤は野中大尉と週番司令を交代した時、短く、ヤルと伝えた。それから週番副官の堂込喜市曹長の労をねぎらった。堂込は二・二六事件のとき、前夜、斎藤実と二人、米大使のグルーに招待されて映画を見て帰宅し、十一時頃に就床したところだった。堂込と永田露曹長の二人は、鈴木貫太郎侍従長を撃つ。

安藤に蹶起を打ち明けられた坂井は、昼食後に高橋太郎少尉（陸大46期）を見つけ、安藤

中隊長の決意を秘かに伝えた。高橋は入隊した九年六月頃から、坂井に革新の思想を教わる。週番司令を安藤と交代した野中は、家に帰ると、村中と磯部が来るのを待った。着いたのは午後四時である。

三人は野中案をもとに、蹶起趣意書を書き上げた。

「つつしんでおもんみるに我が神州たるゆえんは万世一神たる天皇陛下御統帥の下に、挙国一体生成化育を遂げ、遂に八紘一宇を完うするの国体に存す」で始まり、「ここに同憂同志機を一にして蹶起し、奸賊を誅滅して大義を正し国体の擁護開顕に肝脳をつくし、もって神州赤子の微衷を献ぜんとす。皇祖皇宗の神霊ねがわくば照覧冥助《めいじょ》を垂れ給わんことを」で終わる。四百字原稿用紙二枚分の文量になっている。

のちに二月二十六日午前六時、香田大尉によって川島陸相の面前で読み上げられる蹶起趣旨文である。

安藤の「ヤル」の決意の日から、計画が次々に進行した。安藤とは会えない栗原らは、二十二日は土曜日であるが、この夜、駒場の栗原の家に中橋、河野、村中、磯部が合流した。

この夜は具体的に、襲撃目標、日時、兵力の部署、蹶起後の行動、政治工作を打ち合わせる。誰が誰をやるかとなった時、野中は、「安藤は鈴木侍従長をやる、と言っとった。政治工作は村中と磯部が担当」とも伝えた。

そこでこの夜、安藤の中隊は三番町の鈴木邸襲撃。首相官邸は栗原が手を挙げる。斎藤内府は高橋太郎、安田優の少尉、下士官二百名、高橋是清邸には近衛歩三の中橋基明少尉、渡辺邸には斎藤邸襲撃組のうち三十名、指揮官は歩三の六中隊、坂井部隊。陸相官邸占拠は丹生誠忠中尉。陸軍省、参謀本部周囲の交通を遮断し、村中、磯部、香田が陸相と会い蹶起文と要望事項を読み上げる。蹶起文は香田、要望事項文は村中が担当することに決まる。

警視庁へは、歩三の七中隊（野中）と第三中隊（清原）、十中隊の鈴木金次郎が指揮をとり、初年兵と、機関銃隊、それに立石利三郎曹長の重機関八梃と兵員七十名。湯河原の牧野邸には河野寿大尉が指揮をとることになる。

翌二十三日は日曜日で、休日である。正午から雪が降り出した。一日中降り続いた。各指揮者は具体的な連絡に入った。まず村中は、第一旅団副官の香田清貞大尉に、磯部は近衛歩三の中橋基明中尉に連絡をとる。

市川の野戦重砲兵第七連隊の田中勝中尉は、この日、磯部の家に入り、計画を打ち合わせた。

歩一の栗原は、用意していた小銃二千発を豊橋に車で運んだ。豊橋の「つぼや」という旅館で豊橋陸軍教導学校歩兵学生隊の竹島継夫中尉、対馬勝雄中尉と会い、小銃を渡し、その夜、車で東京に戻った。

二月二十五日夜、別れの挨拶

二十四日、降り積もった雪で東京は白一色である。雪の中を出勤した栗原安秀中尉は、蹶起計画を林八郎少尉に知らせる。林の同期は池田俊彦、鈴木金次郎、常盤稔らで、なかでも林は栗原の影響を強く受け、信頼関係は深い。

歩三では、将校集会所で昼食をとった。終わると、渋谷連隊長に続き、大隊長たちも席を立った。中隊長の野中、安藤、坂井、高橋は残った。他に第一中隊長の矢野正俊大尉と、なぜか蹶起を伝えていない第十中隊の新井中尉が残る。本当はこの二人が退室してくれるのを待って打ち合わせしたかったのだが、なかなか席を立たない。

そこで安藤は偽装工作に出た。まず窓側に立ち、「富士山がきれいだな」と言って新井を呼び寄せた。事件の朝は鎮圧側に回る将校である。「本当ですね」と新井が言うと、安藤は、「二人の子供がオレに似てかわいいよ。父親として考えんといかんな。満州に行ったら二、三年は会えんと思うと淋しいな。向こうで何か送ってやろうと思うが、何がいいかな」

窓から富士山を眺めながら、しみじみした口調で言った。しかし、新井は離れようとしない。結局、四人の打ち合わせは流れた。

第七中隊では、午後三時頃、野中が常盤、鈴木、清原巌を招き、蹶起の目的と日時、任務分担を打ち合わせた。

歩一の香田は、午後七時頃、栗原中隊長室で野中と村中と合流し、歩一の計画状況を確認した。蹶起の準備は整い、あとは実行に移すだけとなる。

二十五日も、相変わらず、どんよりした雪模様の寒空である。東部憲兵司令官大谷敬二郎によると、「今にも白いものを降らせるかに思われたが、どうやら日中はもちこたえた。だが、とうとう夜半から降り出した雪は、あけ方から一層激しくなって、帝都は再び銀一色におおいつくされてしまった」と、当日の東京の様子を書いている。

二十五日は火曜日。午前九時に目黒の自宅を出た栗原は、降り続ける雪の中を歩兵第一連隊に出勤した。彼は週番士官の林八郎少尉に、明日の蹶起を伝える。午後六時頃、林は演習から帰った池田俊彦小尉に明日の蹶起を伝え、準備に入った。

村中は、午後一時に、「九州へ旅行する」と妻に言い残して家を出、戸山町の中島莞爾少尉の下宿に立ち寄り、そのあと歩一の栗原の部屋に行く。そこで同志の山本又少尉に頼んで蹶起趣意書を印刷してもらう。そのあと、香田、村中がやって来て、陸軍大臣への要望書をつくった。

歩三の野中も、二十五日午前九時に出勤した。

第十中隊（隊長浅尾時正大尉）の鈴木少尉は、午前中、大久保射撃場へ中隊射撃訓練に出かけていた。練習中に第六中隊長の安藤に呼び出され、「野中大尉の指揮下に入るように」と命令される。鈴木は午後八時に帰隊し、午後十時頃、第十中隊の下士官を連れて野中大尉の指揮下に入った。

第一中隊長の矢野正俊大尉は、まったく革新に興味がない。中隊付の麦屋は二十五日午後、初年兵教育の合間に、第一中隊将校室に坂井、高橋と首都圏の地図を広げて行動準備を確認した。その夜の七時、高橋は第七中隊の常盤少尉を誘い出し、日本橋の末広亭で夕食しながら計画準備を確認し合った。

第二中隊長は梶山健大尉だが、ここには革新的な将校はいない。それでも下士官六名、兵十二名が蹶起に参加した。これは安藤や第一大隊副官の坂井の影響による。十八名は週番司令の命令により出動するが、中隊は将校不在のため、命令系統を離れて単独行動に出る。

対馬、竹島の豊橋陸軍教導学校の生徒は、二十五日午前八時半頃、興津の西園寺公望襲撃計画を打ち合わせた。ところが学生の使用をめぐって意見が割れ、西園寺襲撃を取りやめ、竹島と対馬のみが上京した。

蹶起への出動を控えた安藤は、二十五日の夕方、鈴木侍従長を紹介してくれた連隊裏の、剣道の教官青木常盤邸を訪れ、別れの挨拶をした。蹶起のことは言わず、

「どうか、いつまでもご壮健で……」

と言って、青木の好きなタバコ「誉」一ダースを差し出した。青木が「満州ですか」というと、安藤は、

「軍の機密なので――」

と、口ごもった。そして、叮寧に挙手の礼をして、雪の降る中を、青木邸を去った。

一方の、取り締まる立場の東京憲兵隊では、彼らの行動を尾行していたが、二十二日頃か

ら、隊内での打ち合わせに変わったため、尻尾《しっぽ》がつかめずに苦戦する。もっと憲兵隊員を増やしてくれと上申しても、受け入れられなくて、みすみす蹶起隊の計画を見逃した。

二十五日夜、すべての準備が整った。

その頃、参謀本部の石原は、十一年一月十三日に「北支処理要綱」を支那駐屯軍司令官に指示し、宮崎機関の事務所へ毎日、顔を出して進展具合を見届けていた。

二月に入ると、「国防国策」案をめぐって、海軍の軍令部との間に、激しく議論を交わしている。陸軍の「対ソ先決」を国防国策の趣旨としたのに対し、海軍側は「北守南進」を主軸として、意見が平行を辿っていた。

次の会議では、「国防国策より、国防方針、用兵綱領を改定すべき」と、小手先の代案を出してきた。狭義の国防である。

先を読めない海軍側の代案に、石原は頭を痛め、これから「鎬合《しのぎあ》い」になると覚悟して、二月二十六日を迎えた。ちょうど、西尾寿造参謀次長と軍令部次長の間で折衝に入る準備のさなかだった。

結局、両次長会談は、二ヵ月後の四月二十四日に延びる。

石原は、雪が降り続けるその夜遅くまで、国防国策の強行案に取り組み、いつもより二時間おくれて十一時頃に就床した。

なお同時刻、鈴木侍従長と斎藤内相は、アメリカ大使館に夫婦で招待されてアメリカ映画を見、帰宅して十一時頃に就床している。

横須賀鎮守府長官の米内光政は東京の芸者に呼ばれたのか東京で一泊し、事件の朝、横須賀に戻り、二十六日の午前九時頃、長官官舎から、「そろそろオレも出ていいか」と電話をしている。(『帝国海軍提督総覧』一八七頁)

横鎮では井上成美参謀長が事件を知らされて五時に起き、全参謀を呼び集めて対策を協議した。おそくとも六時前である。ところが、ここには米内の姿はなかったことから、米内は東京の芸者と遊び、そのまま泊まり込んだという説が流れた。岡田首相が暗殺された、との情報が伝わったわけだから、軍人なら朝五時から六時前に、参謀長と打ち合わせしていると見るのが、常識的である。

第二部

第五章――標的

雪の中、それぞれの出発

雪は二十五日の午後から本格的に降り出し、牡丹雪にかわった。雪が降ると、首都圏は静かになった。人も車も通らず、通りも寝静まった。

二月二十六日の朝は雪がやんだ。

東京・六本木の第一師団歩兵第一連隊（小藤《こふじ》恵連隊長）、市電通りの反対側の竜土町《りゅうどちょう》の歩兵第三連隊（渋谷三郎連隊長）および現在のTBSの裏側に当たる所にあった近衛歩兵第三連隊（円山光蔵連隊長）では、打ち合わせどおりに午前零時、下士官・兵に非常呼集がかけられた。

歩兵第一連隊では一時間前に、湯河原の牧野伸顕襲撃隊の水上源一、宇治野時彦、黒田昶、黒沢鶴一、宮田晃、中島清治らが、栗原安秀中尉の機関銃隊に参集するため営門を通過した。

この夜の週番司令は、安藤輝三大尉である。

停職中の村中孝次中尉、磯部浅一一等主計は栗原の部屋で軍服に着がえた。村中、香田清貞、磯部の三人は「蹶起《けっき》趣意書」と陸軍大臣要望事項文を紙に包んだ。

襲撃の標的は、岡田啓介首相を歩兵第一連隊栗原中尉、豊橋教導隊の対馬勝雄中尉、同竹島継夫中尉、歩兵第一連隊池田俊彦少尉、林八郎少尉に指揮された下士官兵三百名。

斎藤実内大臣私邸には歩兵第三連隊坂井直中尉に指揮された同高橋太郎少尉、砲工生安田優少尉ほか十五名。

高橋是清私邸には近衛歩兵第三連隊の中橋基明中尉、砲工生の中島莞爾少尉ほか百名。

鈴木貫太郎侍従長官邸には歩兵第三連隊の安藤輝三大尉ほか百五十名、杉並の渡辺錠太郎教育総監私邸には砲工生の安田少尉、歩兵第三連隊の高橋少尉ほか三十名。

陸軍大臣官邸には歩兵第一連隊の丹生誠忠中尉、歩兵第一旅団副官の香田清貞大尉、村中孝次中尉、磯部浅一一等主計ほか百五十名。

警視庁には歩兵第三連隊の野中四郎大尉、常盤稔少尉、鈴木金次郎少尉、清原康平少尉ほか四百名。

朝日新聞、日本電報通信社、国民新聞、報知新聞、東京日日新聞、時事新報には栗原中尉、田中勝中尉、中橋基明中尉らが指揮をとった。

各連隊では二十六日の午前二時から四時までの間に、兵・下士官は完全軍装で雪の降る中を営庭に整列させられた。

そこで指揮将校が訓示し、注意、合言葉「尊皇・討奸」など注意事項を伝える。その間に、弾薬庫が開けられ、実弾が運び出されて各兵に手渡された。また、斬殺軍人名も発表された。まず林銑十郎大将のほかに、石原莞爾大佐、陸軍省の根本博大佐、武藤章中佐、片倉衷少佐である。

それぞれ歩いて二十分先の連隊兵営から、千五百名の叛乱兵たちは、静かな雪の中を襲撃目標地へ歩進して行った。

岡田首相のいる官邸には、栗原中尉に指揮された三百名が四時三十分に出発し、五時に到着した。重機関銃七、実包二千百発、軽機関銃四、小銃百数十梃、実包一万数千発、その他拳銃二十梃、実包二千数百発、発煙筒三十個、防毒マスク百五十個、それに梯子などを装備している。

午前五時五分、外は雪明かりで互いに隣りの顔が見える。各小隊は指揮官の号令で一斉に着剣した。栗原中尉は拳銃を抜いて自ら小銃隊を率いて邸内に入った。裏門からは林少尉の小隊が侵入した。その時、一斉に非常ベルが鳴った。

危険を感じた岡田首相の妹婿の松尾伝蔵が、官邸を走り、電灯を消して回った。

岡田首相談によれば、松尾が玄関の方に走り電灯のスイッチを切ったので官邸内は真っ暗になり、日本間の方で銃声がした。間もなく松尾と土井巡査が岡田の部屋に駆け込み、枕元にある廊下の非常口をあけて庭に出ようとした。だが、散兵線を布いている兵の姿が見え、洗面室に入り様子を見る。

その後、炊事場を横切り廊下に出たところに女中部屋があり、そこに入る。女中の作と絹が岡田を女中部屋の押し入れの下の段に布団を敷いて仰臥《ぎようが》させた。その間、松尾と土井、村上巡査は一斉射撃で斃《たお》れた。日本間に松尾大佐の姿を見た四、五名の下士官が「これだ、やったぞ！」と口々に叫び、死体を岡田の寝室に運び込み、布団に横たえた。

赤坂離宮付近の斎藤実内大臣私邸には、坂井直中尉に指揮された下士官と兵約百五十名が午前五時に集結した。重機関銃四、軽機関銃八、重機、軽機の実包各二千数百発、小銃百四十梃、実包六千発などを装備。歩三連から斎藤邸までは近いので、五時到着に合わせて兵営を四時二十分に出発している。

安田少尉の小隊は裏門に回り、軽機を発射し、女中部屋の雨戸を破壊して乱入した。斎藤内大臣が寝室から出てきたところを、坂井中尉、高橋少尉、林武伍長が拳銃と機関銃で射殺した。

斎藤内大臣を射殺した坂井は、主力を率いて陸軍省へ向かった。

陸軍省には香田大尉、村中中尉、丹生中尉、磯部一等主計に指揮された歩兵第一連隊所属第十一中隊の下士官と兵が、陸軍大臣官邸、参謀本部、陸軍省を警戒するため、四時三十分に兵営を出発し、五時に到着した。官邸出入りを制限し、監視するため、重機関銃二、軽機関銃四、小銃約百五十梃、拳銃十二梃で、それぞれ表門、裏門を固め、歩哨をたてた。警戒は厳しく、特定の人以外の出入りを禁止する措置に出る。

警視庁には、野中四郎大尉らに指揮された歩兵第三連隊の第七、第三、第十四中隊の下士官と兵約五百名が、重機八、軽機十数梃、小銃数梃、拳銃数十梃で四時三十分に兵営を出発し、五時には司法省側、桜田門側の道路数ヵ所に配置し、警視庁を封鎖した。

このほか、渡辺錠太郎私邸には高橋、安田少尉に指揮された下士官・兵三十名が、赤坂離宮前からトラックに乗り、六時頃に到着して、玄関に機関銃を乱射して侵入した。憲兵二名が応戦してきたので裏手に回って乱入し、渡辺総監を射殺したうえ、高橋少尉は軍刀で渡辺総監の頭部を斬りつけた。

このあと六時三十分に渡辺邸を退去した一行は、三宅坂の陸軍省付近に戻って、斎藤内大臣を射殺した坂井隊と合流した。

高橋是清邸には近衛第三連隊第七中隊が襲撃し、鈴木貫太郎侍従長には安藤輝三大尉が指揮する機関銃隊第四分隊の下士官・兵二百名が襲撃した。安藤大尉は表門から、永田露曹長指揮の一隊は裏門から邸内に侵入した。階下の十畳の部屋で侍従長と押し問答のすえ、堂込曹長が拳銃の引き金を引き、二発射ち込んだ。そのあと、永田曹長が二発射ち、安藤大尉の号令で全員が侍従長に黙禱、五時三十分に退去して三宅坂に移動した。

湯河原の牧野が宿泊している伊藤屋旅館には、二十六日の零時、ハイヤー二台で歩兵第一連隊前から湯河原に向かった。着いたのは午前四時頃で、軽機二、小銃二に実弾を装塡《そうてん》し、伊藤屋旅館の別館光風荘の台所の裏手に据えた。別館は橋を渡った右手にある。

河野寿大尉が「デンポー、デンポー」と叫んで台所の戸を叩き、蹴破って乱入し、皆川義孝巡査と撃ち合う。河野はこのとき胸の二ヵ所を撃たれて負傷した。河野大尉の命令で別館に放火する。

牧野伸顕は、射撃した黒田一等兵のためらいで命が助かり、品川に夕方の六時に着く列車に、湯河原駅から乗り込んだ。この同じ列車の二等車には、三島駅から乗った野戦重砲兵第二連隊長の橋本欣五郎大佐と副官の千田貞孝が一緒だった。

橋本には、ボロボロになってうらさびれた姿の牧野が、そのあまりの姿に判らなかった。そのことを橋本が知るのは後日である。

橋本は品川で陸大教官の田中弥大尉、「南北」編集長の山口三郎、松延繁次らに出迎えられ、九段下の憲兵司令部庁舎に向かった。

その日の首相官邸

陸軍省、皇居、宮家、国会および政府要人が居る政治の中心地を管轄するのは、東京憲兵隊の麴町《こうじまち》分隊である。分隊長の森健太郎少佐は、不穏な情報を摑んでいた。

麴町分隊の特高班長小坂曹長は二月初め頃、三菱本館の情報機関から、

「近頃、赤坂の鳥料理屋に栗原中尉ら若い将校が集合して、二月二十五日ごろ、事を起こすという情報があるが……」との情報を入手していた。

また東京憲兵隊の坂本隊長は、皇道派の同志で旭川憲兵隊長に転じたばかりの森木少佐が所用で上京したさい、森木から、

「歩一では山口、歩三では安藤が週番司令になったときが一番危ない……」と告げられている。

坂本隊長は、森木の置き土産話を麴町分隊長の森健太郎少佐に伝えた。しかし森分隊長は、あまり重く見ていなかった。おそらく森分隊長は「若い将校に何ができるものか。彼らは空騒ぎをしているのだ」と受け止めていたのだろう。

また、東京憲兵隊特高課の福本亀治課長は、これまで入手した情報を総合判断して、上司に警戒準備と警備対策を進言した。ここでの上司とは、東京憲兵司令官坂本俊馬大佐ではない、矢野機《はかる》司令官代理であろう。明言しない。坂本は憲兵司令部に「非常警備計画案」を提出している。

憲兵隊司令部では岩佐禄郎司令官が病気で、代理を総務部長の矢野機少将が代行していた。憲兵隊本部は、「編成定員の百三十名を、名古屋や宇都宮など他の隊から応援憲兵を集めて三百人体制をとるとの坂本からの計画案は、陸軍省が反対している」との理由でにぎり潰した。「笑殺」したのは矢野機であろう。

結局、陸軍大臣命令で憲兵司令部から近県の憲兵隊に派遣命令が出たのは、なんと二月二十五日の朝のことであった。この遅れが、後手となる。

しかも名古屋、横浜、宇都宮の憲兵隊は東京の地理にうとい。さらに彼らは、何のために呼び集められたか、知らされていなかった。東京憲兵隊、なかでも麹町分隊も主な人物を尾行していたが、確証が掴めなかった。

麹町分隊に、「赤坂方面に銃声が聞こえる。陸相官邸の憲兵に電話連絡をとるが詳細不明」の電話が入り、非常サイレンが鳴ったのは午前五時すぎだった。

当時、岡田啓介の救出に参加した小倉倉一伍長の『幻の革命、二・二六事件』によると、麹町分隊の警務班長の萩原曹長は青柳軍曹ら四名と、自動車で竹橋から近歩一、二連隊前を通過したが、異常は認められなかった。しかし、半蔵門辺りにくると、武装着剣した兵隊が配置されていた。そこを車で突破して三宅坂まできた。すると伍長に指揮された二十名の兵隊が警戒して近寄れない。

「止まれ!」

大声が飛び、ブレーキを踏んで止める。

班長の萩原が「なぜ止めるか！」と反問すると、伍長は「合言葉？」と疑うように言った。

合言葉の有無で敵味方を判別していた。

もちろん、憲兵隊には合言葉が分からず、近くの航空本部に車を回し、そこで電話を借りて森分隊長に状況報告した。

これが、陸軍省に近づいた憲兵隊の第一陣だった。この時、青柳軍曹は歩哨に、

「指揮官は誰だ？」と訊《き》いた。

伍長は、

「首相官邸は栗原中尉、陸軍省は丹生中尉です」と答える。

「両中尉とも知っているから会わせてくれ」

と、青柳は頼み込んだ。

丹生が出てきた。丹生は萩原班長に会うといきなり、

「おれは忙しいから栗原の所へ！」と言った。

「合言葉を覚えておけ。山と川、尊皇、討奸」

萩原以下四名の憲兵たちは歩いて、まだ新しい国会議事堂の裏通りを首相官邸の方に行くが、そこでは軽機関銃を備えた歩哨たちが要所要所を固めていて近寄れない。

兵隊たちは憲兵の姿に緊張していた。

萩原が名乗ると、小隊長がいきなり、

「山！」と叫んだ。

「川！」

萩原曹長が答えると、

「何用だ」と尋ねる。「栗原中尉に会いたい」と言うと、道をあけてくれる。雪の中を、五人は首相官邸の表玄関車寄せの方に進んだ。

車寄せでは焚火《たきび》が赤々と燃え、栗原と対馬中尉が椅子に腰をおろしていた。萩原は刺激しないように、

「連絡に参りました」と言って敬礼した。

すると栗原は立ち上がり、

「我々は今朝五時を期して、この趣意書に基づき行動を開始した。すでに君側の奸である岡田首相を始め高橋蔵相、斎藤内大臣、鈴木侍従長、渡辺教育総監を血祭りにあげ、湯河原の牧野伸顕を襲撃して目的の第一歩を達した。我らは日本永遠の繁栄を希《ねが》うために昭和維新の先駆者として蹶起した。この場所を根拠として我が部隊は尊王義軍と呼ぶ。帰って憲兵隊長に伝えよ」

と言って、一枚のガリ版刷りの蹶起趣意書を萩原に手渡した。栗原の迫力に、萩原憲兵曹長は度肝を抜かれた。

萩原は、その後の状況を摑むため、二、三人をその場に残したい、と提案すると、栗原は、「ここは戦場だ。憲兵は必要ない。帰れ」と追い払いにかかった。

それでも萩原は粘って、二、三人を置いていくと交渉した。ついに栗原は萩原の粘りに降参し、四人を残して萩原曹長一人で麴町分隊に戻った。この時に、はじめて蹶起隊が何をしたかの様子が分かり、憲兵司令部に状況が報告された。

小倉倉一伍長は、九段の憲兵司令官と副官と一緒に、車の助手席に乗って三宅坂の陸軍大臣官邸に向かった。だが、半蔵門で歩哨に追い払われ、司令部に引き返した。小倉は翌日、首相官邸に入り、生存していた岡田首相を秘かに車に乗せて脱出した。

侍従武官長の本庄繁は、襲撃さなかの午前五時すぎに、娘婿の山口一太郎大尉の使者、伊藤常男少尉に叩き起こされた。伊藤は歩兵第一連隊の蹶起隊が出動したことを伝えた。『暁の戒厳令』（芦澤紀之著）によると、この時、本庄は伊藤に「実力行使を中止させろ」と命じ、直ちに宮中で宿直中の侍従武官の中島鉄蔵少将と憲兵司令官の岩佐禄郎中将に電話連絡した。

中島は直ちに宿直の海軍侍従武官の小林謙五大佐に事件突発を伝えた。そのあと陸海軍の各侍従武官を電話で招致した。それからハイヤーを呼んで、宮城に向かった。

ところが、ハイヤーがイギリス大使館前の青葉通りへ差しかかる頃、三番町の鈴木侍従長を襲撃した安藤輝三大尉の一個中隊と出会った。安藤の隊は三宅坂の陸軍省へ向かう途中だった。

宮中へは、本庄からの連絡の前に、鈴木侍従長のたか夫人からの電話で一報が入っていた。本庄が目撃した安藤の隊に襲撃されたあとである。安藤の隊は、鈴木貫太郎が一命をとり止めたことも知らず、陸相官邸へと半蔵門からの坂道を急いでいた。

天皇が事件勃発の報を甘露寺侍従から受けたのは午前六時四十分頃というから、各地での襲撃が終わって三十分後のことである。

本庄侍従武官長を始めとする天皇側近の各武官、内大臣、侍従次長の広幡忠隆らが参内を終えたのは六時半頃である。

この間、三宅坂では、安藤の中隊のほか、丹生誠忠中尉が指揮する部隊や歩兵第一連隊の兵約百五十名と共に、香田大尉、竹島継夫中尉、山本又予備少尉、村中孝次、磯部浅一らが陸相官邸前に到着し、川島義之陸相に面会を求めていた。

すでに陸軍省と参謀本部は竹島、山本の主力隊が配置され、歩哨を置いて通行を禁止していた。

川島陸相が、香田、野中、磯部の三名との面会に応じたのは午前六時三十分である。

「閣下、閣下」

という声に、殺されずにすむと安心して下りて行った。香田、野中、磯部の三人は、陸軍の最高責任者である川島陸相の政治力を活用して、昭和維新の達成を図る狙いがあったので、三人は川島陸相の政治力に期待した。

官邸応接間に入ると、香田大尉が蹶起趣意書を読み上げた。さらには「陸軍大臣要望事項」を読み上げ、川島陸相の反応を待った。

この時に読み上げた要望事項は、陸相秘書官の小松光彦少佐によると、次の十三項目とある。

一、現下は対外的に勇断を要する時である。
二、皇軍相撃を避ける。
三、全憲兵の活動を統御する。
四、東京警備司令官、近衛師団長、第一師団長に過誤のないよう厳命する。
五、南、宇垣両大将、小磯、建川両中将を保護検束する。
六、天皇の御裁断を仰ぐ。
七、軍中央部における軍閥の中心人物を除く。
八、林大将、近衛師団長（注、橋本虎之助）を即時罷免する。
九、荒木大将を関東軍司令官に任命する。
十、青年将校の同志を東京に招致する。
十一、事態安定まで蹶起部隊は占拠地にとどまる。

十二、山下少将を招致して報道の統制に当たらせる。

十三、真崎大将、古荘次官以下を招致する。

川島陸相は驚愕のあまりに、なすすべがなかった。煮え切らないでいるところに、突然、磯部が、

「軍事参議官真崎甚三郎大将、軍事調査部長山下奉文少将、陸軍次官古荘幹郎中将、陸軍省軍務局長今井清中将、軍事課長村上啓作大佐、陸大教官満井佐吉中佐らの招集を要求する」

と叫んだ。

このあと小松秘書官は、午前七時までの招致組と七時以降組に分けて、電話をかけて呼びかけた。

栗原、石原に銃口を向ける

石原大佐が三宅坂へどうやって着いたかは不明である。戸山あたりにハイヤーの会社はない。朝の七時すぎなら、いつものように市電を乗りついで行った。彼に軍の車一台が与えられるのは、この二・二六事件後のことで、それまでは市電で通勤した。しかし石原には暗殺団からの襲撃が噂され、憲兵隊員は彼を警固していた。車は少将以上でないと使えなかったが、佐官級で軍の車が使えたのは、石原が最初だった。

石原に電話をしてきたのは、内閣調査官の鈴木貞一である。彼は、情報機関を持っていた三菱本館の秘書から朝五時すぎに事件を知らされていた。石原は鈴木からの知らせを受けて、歩一連隊長、三連隊長および近衛の連隊長に、

「直ちに連隊旗を奉持して三宅坂へ出て来い。連隊旗のもとに集合を命じ、兵隊を引き揚げてしまえ」

と怒鳴りながら、電話をかけまくった。

四谷を過ぎて半蔵門にくると、安藤大尉に指揮された第三連隊の中隊が重機関銃で道路を封じ、歩哨が立っていた。やむなく遠回りして、平河町から入る。三宅坂に着くと歩哨が立ち、出入りを厳重にしている。

「石原だ」と言っても、すぐには通してくれない。彼は斬殺リストの中の一人だったからである。

石原が参謀本部に出勤すると、眼鏡をかけた安藤輝三大尉が兵士に銃を構えさせたまま、

「大佐どの。今日はこのままお帰りいただきたい」と大声で言った。

石原は安藤を睨みつけた。

「貴様、何を言うか！　陛下の軍隊を私するとは何事か！　不届き千万な奴らだ。この石原を殺したかったら臆病なまねをするな。貴様ら直接自分の手で殺すべし。臆病だから自分の手ではできないのだろう。それで兵隊の手を使って人殺しをしようなどとは、何たる卑怯な

奴だ！」

と、持ちまえの大声で怒鳴った。

陸相官邸前にも行けない。石原は銃を突きつけられたまま、官邸への入室を待った。石原

本庄繁の娘婿の山口一太郎大尉が石原の姿を見たのは、陸相官邸の玄関寄りだった。石原はそこで、淋しそうな顔をして立っていた。

山口が陸相官邸に入るのは七時前の予定であるが、多分に連絡が遅れたせいだろうか、石原よりも後になった。したがって七時半から八時の間であろう。八時頃には陸軍省、参謀本部の職員たちが出勤してくる時間である。だから、推測としては七時半から八時になる。

その理由は、蹶起趣意書の中の陸軍大臣要望事項の八項目に、陸相官邸に呼び出す者のリストが、七時までと、七時以後の二つのグループに分けられていて、山口は七時までのグループに入っていた。それが大幅に遅れている。

ちなみに七時前までに招致すべき者は、古荘幹郎陸軍次官、斎藤瀏《りゅう》少将、香椎浩平警備司令官、矢野機憲兵司令官代理、橋本虎之助近衛師団長、堀丈夫第一師団長、小藤恵歩一連隊長、山下奉文調査部長である。

七時以降の招致者は、本庄繁侍従武官長、参議官の荒木貞夫大将、真崎甚三郎大将、今井清軍務局長、小畑敏四郎陸大校長、岡村寧次参謀本部第二部長、村上啓作軍事課長、西村琢磨兵務課長、鈴木貞一大佐（内閣調査局）、陸大教官の満井佐吉中佐である。

しかし、これらの皇道派の理解者たちが、要請に応じたわけではなかった。

真崎甚三郎大将が陸相官邸に着いた時間には二説がある。そのひとつが、憲兵隊の事件送致書の公式書類にある。陸軍司法警察官大谷敬二郎作成の文書には、真崎大将の到着時刻を八時三十分頃とある。

この公式書類は、第一線勤務の憲兵の報告書を基礎にして作成されたものだが、渋谷分隊の金子柱憲兵伍長（のちに大尉）の報告書とは一時間十五分のズレで、七時十五分頃に着いていた。

金子伍長は真崎大将の護衛憲兵として、真崎の身辺にいた。金子は、「二・二六事件前後ニ於ケル真崎大将ノ動静ニ関スル件報告」書を、事件後の昭和十一年四月十六日に、上司の渋谷分隊長徳田典に提出している。

それによると、二月二十六日の行動は、午前六時五分、渋谷分隊から真崎大将の私邸に電話を入れたところ、真崎夫人が出て、「特異ノ状況ナキ」旨の回答だった。

それから二十五分後の六時三十分、真崎大将邸から「陸軍大臣官邸ニ赴クニ付キ、護衛憲兵ヲ派遣セラレタシ」旨の電話が入る。

電話があってから二十分後の六時五十分、金子柱伍長に護衛されて、真崎大将は私邸を出発した。ルートは青山一丁目、赤坂見附、平河町を経て三宅坂の陸相官邸表門に到着する。

金子伍長はその後のことを次のように報告している（原文のまま）。

『午後七時十五分。

(1)陸相官邸表門前ニテ自動車ヨリ降車ノ際、行動部隊将校三名（香田、安藤、栗原ト思料セラル）ヨリ事件ノ概要ヲ説明アリタリ。

「国体明徴《めいちょう》ト統帥権干犯問題ニテ蹶起シ、斎藤内府、岡田首相、高橋蔵相、渡辺教育総監、鈴木侍従長及牧野伸顕ヲ襲撃ス、牧野伸顕ノ処ヨリ確報ナシ云々」

(2)陸相官邸ニ於テ、古荘次官及陸軍大臣並行動部隊将校ト面接会談内容不明ナリ。

(3)午前八時十分。

伏見軍令部総長宮邸伺候ノ為メ陸相官邸表玄関前ニ出テタル際、陸軍省軍事課員片倉衷少佐他将校十数名香田大尉ト問答シアル時磯部元主計拳銃ニテ片倉少佐ニ向ケ発砲セルモ左眼側方ニ命中セルモ、死ニ至ラサルト磯部拳銃ヲ落シタルヲ以テ軍刀ニテ殺害セントシタルヲ、別紙要図の地点ニテ真崎大将、古荘次官ガ「同志射チハ止メ」ト発言、静止セリ。

午前八時二十分。

伏見軍令部総長宮邸ニ伺候。

午前九時十分。

伏見軍令部総長宮邸ヨリ仝《どう》宮殿下及加藤寛治大将ト共ニ、宮中参内ノ為メ、出発。加藤寛治大将ト仝車セルモ乗車中特殊談話ナシ。

午前九時二十五分。

乾門《いぬい》ヲ経テ侍従武官府ニ到着、会議ニ列席セリ。（以下略）』

車に同乗して護衛した金子伍長の午前中の真崎大将の行動は以上のとおりだが、憲兵隊の記録では八時三十分到着とあり、一時間十五分の誤差となる。

この朝四時三十分、政界浪人の亀川哲也が真崎の私邸を訪問している。話の内容は、

「是非お耳に入れなければならないことがありまして参りました。相沢公判の公訴取り下げに関しましては、先般、林、川島両大将御了解の下に運動しましたが、失敗に終わりましたので、もうこうなっては、元老におすがりするよりほかに無いと思います。それで今朝、鵜澤博士がその件について元老を訪問することになりました」

「実は今朝、一連隊と三連隊とが起《た》って重臣を襲撃するそうです。万一の場合は、悪化しないように御尽力をお願致したい」

すると、真崎大将は亀川に、

「もしそういうことがあったら、今まで永い間努力したことは全部水泡に帰してしまう」と話している。

亀川が真崎の私邸を去ったのは五時頃である。それから七時十五分の間に、真崎は色々な所に電話をかけて収拾したというのが推測され、二・二六事件は「真崎説」と疑われた。

石原莞爾が陸相官邸に着いたとき、真崎が官邸の玄関口に立っていたのに気づいた。

「お早いですな」と言うと、

「早く呼び出されて」と、交わしている。

真崎は八時十五分に官邸を出ているから、二人の会話は七時半頃と推定される。

石原は、広間の椅子に傲然《ごうぜん》と腰をおろした。その正面に栗原と磯部が立っている。栗原は右手に拳銃を向けたまま石原に、

「大佐殿の考えと私共の考えは根本的に違うように思うが、維新に対していかなる考えを、お持ちですか」と、詰め寄った。

石原は、

「ボクにはよく分からん。ボクのは軍備を充実すれば昭和維新になるというのだ」と答えた。

すると栗原は石原に銃を向けたまま、磯部に、

「どうしましょうか」

と相談し、返事を待った。

磯部が黙っていると、栗原は拳銃を下ろした。

広間では、川島陸相、古荘次官を前に、予備役の斎藤瀏少将が、すごい見幕で意見を述べている。

そこには渋谷三郎歩兵第三連隊長もいた。

石原は渋谷に、

「言うことを聞かねば軍旗を持って断固討伐だ！」と怒鳴った。

その時、石原を背後で狙った将校がいた。山本又予備少尉で、銃を向けた。ところが、彼は石原と同じ日蓮宗の信者である。銃口を石原の後頭部に向けていると、日蓮の声が聞こえて、銃を下ろしたと語っている。

山本は二十九日正午、隊を離れると身延山《みのぶさん》に入り、三月四日に自首する。

第六章——幻の真崎内閣

香田大尉、蹶起文を読み上げる

陸軍省の軍事課満州班の片倉衷は、二・二六事件前夜の二十五日の夕方から今井清軍務局長室に集まったさい、相沢公判の進行ぶりと軍全般の情勢から、裁判長を交代して裁判を適正化することを提案し、翌二十六日、川島義之大臣に具申することを申し合わせていた。

片倉には、十日ほど前から引っかかるものがあった。それは部下の三品隆以《たかゆき》大尉から、

「極秘事項だから、出処を洩らしてもらっては困る」

と前置きして、

「第一師団は近く渡満する予定だが、渡満前に一部青年将校たちが不羈《ふき》の企てをしている」

と知らせてきたことである。

片倉はそのことを、陸相官邸で会った岩佐禄郎憲兵司令官（同年三月待命）の耳に入れた。

ところが、岩佐は不機嫌な顔で、

「君はどこからそんなことを聞いたか知らんが、そんな話は憲兵隊に入っていないよ」

と一蹴した。

もっとも所轄の麹町分隊では偵察を続けていたが、尻尾を摑めずにいた。憲兵隊が第一報を知るのは、二十六日の朝五時すぎで、同時刻の襲撃後である。二十五日に「陸軍大臣要望事項」の十三項目が書き上げられる前の二十二日、「蹶起趣意書」の原文が野中四郎大尉によって書かれ、二十四日、村中孝次元大尉が原文に手を入れ、巻紙に毛筆で書いたことも摑んでいなかったばかりか、臭《にお》いさえ嗅《か》いでいなかった。

この蹶起文には、彼らが昭和維新を断行しようという情熱の温もりが感じとれる。

「蹶起趣意書」

「謹んで惟《おもんみ》るに我神州たる所以は、万世一神たる天皇陛下御統帥の下に、挙国一体生々化育を遂げ、終に八紘一宇を完《まつと》ふするの国体に在す。此の国体の尊厳秀絶は天祖肇国《ちょうこく》神武建国より明治維新を経て益々体制を整へ、今や方《まさ》に万方に向って開顕進展を遂ぐべきの秋《とき》なり。然るに頃来《けいらい》遂に不逞《ふてい》兇悪の徒簇出《そうしゅつ》して、私心我慾を恣《ほしいまま》にして、至尊絶対の尊厳を藐視《びょうし》し僭上《せんじょう》之れ働き、万民の生々化育を阻碍《そがい》して塗炭《とたん》の痛苦に呻吟せしめ、陥《おとしい》って外侮外患日を逐《お》ふて激化する。

所謂《いわゆる》元老重臣軍閥官僚政党等は此の国体破壊の元凶なり。倫敦《ロンドン》海軍条約並に教育総監更迭《こうてつ》に於ける統帥権干犯、至尊兵馬大権の僣窃《せんせつ》を図りたる三月事件或は学匪大逆教団等私害相結で陰謀至らざるなき等は最も著しき事例にして、其の滔天《とうてん》の罪悪は流血憤怒真に譬《たと》へ難き所なり。中岡、佐郷屋、血盟団の先駆捨身、五・一五事件の噴騰《ふんとう》、相沢中佐の閃発となる、寔《まこと》に故なきに非ず。

而も幾度か頸血《けいけつ》を濺《そそぎ》来って今尚些《いささか》も懺悔《ざんげ》反省なく、然《しか》も依然として私権自欲に居って苟《こう》且偸安《しょとうあん》を事とせり。露支英米との間一触即発して祖宗遺垂《いすい》の此の神州を一擲破滅に堕らしむるは火を睹《み》るよりも明かなり。

内外真《まこと》に重大危急、今にして国体破壊の不義不臣を誅戮《ちゅうりく》して稜威《みいつ》を遮《さえぎ》り御維新を阻止し来れる奸賊を芟除《せんじょ》するに非ずんば皇謨《こうぼ》を一空せん。恰《あたか》も第一師団出動の大命渙発《かんぱつ》せられ、年末御維新翼賛《よくさん》を誓ひ殉国捨身の奉公を期し来りし帝都衛戍《えいじゅ》の我等同志は、将《まさ》に万里征途に上らんとして而《しか》も顧みて内の世状に憂心転々禁ずる能《あた》はず。君側の奸臣《かんしん》軍賊を斬除して、彼の中枢を粉砕するは我等の任として能《よ》く為《な》すべし。臣下たり股肱《ここう》たるの絶対道を今にして尽さざれば、破滅沈淪《ちんりん》を翻《くつが》へすに由なし。

茲《ここ》に同憂同志機に一にして蹶起し、奸賊を誅滅《ちゅうめつ》して大義を正し、国体の擁護《ようご》開顕に肝脳《かんのう》を竭《つく》し、以て神州赤子《しんしゅうせきし》の微衷を献ぜんとす。

皇祖皇宗の神霊《しんれい》、冀《こいねが》くば照覧冥助を垂れ給はんことを。
昭和十一年二月二十六日
陸軍歩兵大尉野中四郎
外同志一同」

この蹶起文は、ガリ版で印刷され、各隊の指揮官に手渡され、当日、香田は陸相の前で読み上げた。

片倉、撃たれる

片倉はいつものように、雪の朝六時に起きた。朝食をとりながら窓から外の雪を眺めた。彼には、川島大臣に裁判長交代を強硬に進言する腹を決めていて、そのことに神経が回っていた。

着がえて家を出ようとした時だった。電話が鳴った。出勤前に電話がくるのは珍しいことだった。聞き慣れぬ早口だった。

「中野署のものです。本朝来、陸相官邸に異変があったとのことです」

咄嗟《とっさ》に片倉は、松平紹光大尉の言葉を思い出し、「蹶起だ！」と判断した。

彼はすぐにハイヤーを呼び、三宅坂に駆けつけた。だが、半蔵門も平河町三叉路一帯も叛乱軍の歩哨兵と機関銃隊で警固されていて動きがとれない。

平河町にいる歩哨に何が起きたのか、と質《ただ》すと、若い歩哨兵は情況は分からず、答えきれなかった。その時、片倉は、「これは一部将校に利用されているにすぎないな」と判断、小隊長と交渉し、警戒線を突破して陸軍省前で車を返した。

陸軍省正門前は三重の警戒で、指揮官たちは陸相官邸に集まり、そこにはいなかった。片倉は、

「なかに入れろ」と歩哨たちと押し問答になった。

「私たちは昭和維新に立ち上がったのです。お帰り下さい」

「おれも昭和維新の志を持っている。しかし、こんなことで昭和維新を誤ってはいかん。大臣に会わせろ。おれは片倉だ！」

片倉は名刺を出して、やっと中に入れてもらった。

門を入って右手の大臣官邸に歩いていくと、そこには叛乱軍の指揮官たちが殺気だった顔で、官邸前に立っている。

片倉が官邸前にいる石原を見たのはその時だった。彼は咄嗟に、「石原大佐は叛乱軍に利用されていたのか」と疑った。ところが、片倉に気づいた石原は早口で、

「誤解もなにも、こうなったら仕方がない。何とかして早く鎮圧せねばいかん」

と言った。

そのとき片倉は、石原は叛乱軍に利用されていないことを確信する。その石原は中に入れ

てもらえなかったのか、しばらくして、また玄関の外に出てきた。

片倉は中に入り、古荘陸軍次官をつかまえて川島大臣への面会を求めた。しかし、古荘は混乱していて、

「しばらく待て」と言ったきり、会う機会がつくれなかった。

片倉によると、古荘次官にかけ合った時刻は八時十分頃である。その時、川島陸相に参内を急がせた真崎大将が勲一等の旭日章を胸に吊って、玄関に現われた。伏見宮軍令部総長宮邸に出かけるためだった。

金子柱憲兵伍長報告書には、

「午前八時十分伏見宮軍令部総長宮邸伺候ノ為メ陸相官邸表玄関前ニ出テタル際、陸軍省軍事課員片倉少佐他将校十数名、香田大尉ト問答シアル時、磯部元主計拳銃ニテ片倉少佐ニ向ケ発砲セルモ……」とある。

発砲事件は、伏見宮軍令部総長宮邸に出かける直前に起きた。

表玄関の中央に川島、応接広間では玄関に向かって左側に某佐官、真崎大将、その左に村中孝次、香田清貞、磯部浅一の三人が並ぶ。石原ら幕僚たちはこの部屋には入れてもらえず、外に片倉を入れて十名が固まって成りゆきを見守っている。真崎に同行した金子憲兵伍長も外に立っていた。

次官は右側に、また斉藤瀏少将は川島の横にいた。そこに、秘書官の小松光彦中佐が、紫

の袱紗包《ふくさづつみ》を持って玄関内に現われた。その時、叛乱将校の一部から、

「唯今、陸軍大臣は参内せられます。しばらくして事態は解決されます」

と叫ぶ声が上がった。

片倉は、

「川島陸相は遂に叛乱将校に強制されて参内するのか」と憤激した。

その時、片倉は真崎大将に詰め寄り、

「真崎閣下、これは閣下の御命令ですか？」

と怒号した。

そのあと石原に近づこうとした瞬間、銃声を聞くと共に、頭が打撃を受ける。この時のことを片倉は『戦陣随録』の中で、こう書きとめている。

「事態は容易ならずと信じた。間一髪、私は左頭部に強く打撃されたような衝撃を受けたが、続いて鼻に異臭を感じた。これは射たれたなと思い、咄嗟に左手でこれを押さえ、左方を見れば、白面の一大尉が抜刀して構えていた。私との中間には拳銃が落ちていた。私は大喝して、

『刀を収めろ！』

と叫ぶと、その大尉は刀を収めたが、私の進む気配を感ずると、再び抜刀した。私は、

『刀を抜く必要はない！　話せば分かる』とし、

『きさまは香田大尉だろう。兵力を動かすのは天皇陛下の御命令でなければいけない』と一喝した」

この時、真崎大将と古荘次官が、

「同士討ちは止め！」と一喝して制止した。

この時の行動と状況はどうだったか。

片倉を射った磯部は、のちに『行動記』の中でこう書き残している。それによると、片倉は真崎に詰め寄ったあとで、石原莞爾に詰問しようとしていた、と磯部は思った。

「時に突然、片倉が石原に向かって、『課長殿、話があります』と言って、詰問するかの如き態度を表わしたので、『エイッ此の野郎、ウルサイ奴だ。まだグヅグヅと文句を言うのか』と言う気になって、イキナリ、ピストルを握って彼の左コメカミ部に銃口を当てて射撃した。

彼が四、五歩転身するのと、余が軍刀を抜くのと同時だった。余は刀を右手にさげて、残心の型で彼の斃《たお》れるのを待った。血が顔面にたれて、悪魔相の彼が『射たんでも分かる』といいながら、傍らの大尉に支えられている。やがて彼は大尉に付き添われて、ヤルナラ天皇陛下の命令でやれ！　と怒号し去った。滴血雪を染めて点々。玄関に居た多数の軍人がこの事によってスッカリおじけついたのか、今までの鼻息はどこへやら、消えて影だにない」

撃たれた片倉を支えて、川島陸相専用の車に運んだのは、山崎大尉、谷川大尉、生田中尉の三人だった。車は正門を出て、赤坂の前田病院に向かい、応急手当を受けて入院した。片倉が陸相専用車で前田病院へ運ばれたことで、川島陸相の参内時間は大きく遅れた。

真崎は八時十分に陸相官邸を出た。十分後に弁天橋を渡った左手の伏見宮邸に着く。そこには、真崎からの電話を受けた「艦隊派」の加藤寛治海軍大将が、先にきていた。

三人の会談が終わり、宮中参内のため伏見宮邸を加藤と一緒に出たのが九時十分である。それから十五分後の九時二十五分に、乾門《いぬいもん》から入り、侍従武官府に到着した。

真崎と加藤は、車中では終始黙していた。

伏見宮邸で何があったのか。大命降下に失敗した時、真崎→加藤→伏見宮のラインが明みに出ないように真崎ひとりにかぶせることを申し合わせたのだろう。それが事件後、加藤は誰から電話を受けたか、が問題になる。もしも真崎からの電話であったなら、真崎、加藤、伏見宮のつながりが明るみになる。逆に加藤から真崎に電話したことになると、伏見宮軍令部総長は無関係となる。

それでは加藤は、誰から連絡を受けたか。東京憲兵隊に語った供述要旨では、

「二月二十六日午前七時頃、事件の発生を知るや、事件の宮城に及ぶが如きことありては重大事と考え、直ちに伏見宮殿下に対し奉り電話を以て、

『憂慮に堪えません、何よりも先に御参内遊ばされ御奉伺遊ばされる事が大切と考えます。加藤は何を措《お》いても直ちに参内いたします』

と報告申上げ、同時刻真崎大将（或は夫人）にも『自分は伏見宮邸に参殿する、貴官も陸軍大臣に会はるることと思うが、都合により殿下に報告して貰うかも知れぬ』云々。と電話し、時を移さず、伏見宮邸に参殿し、判明せる現状を言上せり――」

『評伝真崎甚三郎』の筆者田崎末松氏は、

「この供述書には『事件の発生を知るや』とあって、加藤がいかにしてそれを知ったかは記載されていない。それは真崎からの電話通報が省略というよりも、削除されているからである」と断言している。

ここでも加藤は、誰から事件を知らされたかは述べていない。というよりも、伏見宮に累《るい》が及ぶのを避けて、憲兵隊と加藤の間で削除し、作文化した、と考えられる。真崎は七時十五分には陸相官邸にいるから、真崎から加藤に電話した可能性がある。

加藤の供述書には、他にも多くの疑問点がある。例えば伏見宮邸から宮中参内に向かう車の中で、加藤と真崎は、

「――殿下に拝謁した上情況を言上せしめ、引続き殿下が参内せらるるを御警衛の必要もあり、真崎大将を促し、共に殿下に随従参内せり。其の途次車中に於て『一刻も早く強力内閣を作り事態を収拾すること必要なり、之が為には平沼の如き立派な人物の内閣を立つる必要あり』云々との意見を交わし――」

と、事態の収拾と平沼組閣を語ったとある。しかし、そのことは伏見宮邸で三人が話した

八時半から九時十分までの間に、充分に協議されるべき内容で、話されたと見るのが常識的である。

加藤があえて、「車中で……」と供述したのは、そこには伏見宮は関わりあっていないことを強調する意味もあろう。何よりも、「車中で語った」ことがあるかどうかが問題である。同行していた金子柱憲兵（伍長）の報告書には、「加藤寛治大将ト仝車セルモ乗車中特殊談話ナシ。午前九時二十分、乾門ヲ経テ侍従武官府ニ到着……」とあり、二人は特別な談話は交わしていない。

それとも、加藤の供述書が正しいなら、金子伍長には「平沼内閣云々」は聞こえなかった、ということなのか。「逃げの一手」に出た加藤と伏見宮の行動こそが、研究されるべきテーマである。

参謀本部、緊急移転

片倉の被弾を機に、川島陸相へのツキ上げは鎮火した。このあと、陸軍省と参謀本部は臨時的に、内堀通りの憲兵司令部の三階に移った。

陸軍省や参謀本部に出勤しようとした職員課員たちは、叛乱軍の歩哨に足止めを喰らい、登庁できない。課長以上の将校たちは伝言で憲兵司令部へ、雪の中を九段下経由で軍人会館前を通り、内堀通りを東へ歩いた。

参謀本部の杉山元《はじめ》参謀次長が憲兵司令部三階に入ったのは午前八時五十分である。参謀本部第一部長の鈴木重康少将は満州に出張中で不在だったが、彼を除いた部課長全員は、三階に集合した。

陸軍省でも、陸相官邸にいた川島陸相、古荘次官以外の将校も、憲兵司令部に集合した。参謀本部ではただちに会議に入ったが、岡村寧次第二部長、石原らは午前九時二十分、宮中に参内した。

宮中では、すでに本庄繁侍従武官長が天皇に拝謁して一応の状況を上奏している。川島陸相は片倉を前田病院に運んだ車が引き返してくると、すぐに乗り込み、急いでいたので乾門からではなく、坂下門から宮中へのルートをとった。途中、警視庁前を通りかかった時、村上啓作軍事課長と折よく出会い、陸相の車に乗せて、車中で協議した。

この朝の村上課長は、警視庁を占拠している野中大尉に会い、激励して、川島陸相の車が通るのを待っていた。車中で川島は、本来なら参謀本部の杉山次長に相談すべき「軍事参議官の招集」を、皇道派の村上に打ち明けるというミスを犯した。

侍従武官府に着いた川島を、苦渋の表情で待っていたのは本庄繁だった。侍従武官長室に姿を現わした川島に、天皇に一応の状況は説明ずみ、と知らせ、天皇拝謁の手続きをとらせた。

この時の様子は、本庄日記によると、川島陸相は何ら加えることはなく、状況報告として、蹶起文を付け加えて読み上げ、こうした事件になったことを「誠に恐懼《きょうく》に堪へざること」と奏上した。

そしてそのまま、じっと頭を垂れた。川島陸相と天皇との間には長い沈黙があった。黙っている川島陸相に、天皇は、

「速《すみやか》に事件を鎮定すべく御沙汰あらせらる」（本庄日記）

また一説では、天皇が「叛徒の処置はどうするつもりか」と尋ねたら、川島陸相は、「対策はおって協議決定の上、改めて奏上いたします」と答えるつもりでいたが、

「こういう大事件が起こったのも、現内閣の施政が民意にそわないものが多いからと思います。国体を明徴にし、国民生活を安定させ、国防の充実を図るような施策を強く実施する内閣をつくらねばならぬと存じます」

と本音を言ってしまった。

すると天皇は、

「陸軍大臣はそういうことまで言わないでもよかろう。それより叛乱軍を速やかに鎮圧する方法を講ずるのが先決要件ではないか」と仰せられた。

川島は、自分の不用意な発言を悔んだ。そして、恐懼の至りとばかりに、泣き出しそうな表情で退下した（『軍国太平記』高官太平著）。

この辺りの様子を、前述したように本庄は「速に事件を鎮定すべく御沙汰あらせらる」としか記していない。「これは同じ陸軍の仲間意識と青年将校の同情者であったからか」（『暁の戒厳令』芹沢紀之著）とも言われた。本庄は川島のことを思い、詳しく表現しなかったのである。

しかし、叛乱軍の蹶起文が天皇に届いたことは、本庄日記にもある。

参議官会議、真崎内閣に動く

伏見宮軍令部総長の参内は、川島陸相のあとで、午前十時、加藤大将を随行している。伏見宮総長の参内は、事件後の真崎への大命降下を意図するものだったと見られている。なぜなら、これまでは元老の西園寺公望の候補者奏上が慣例だった。が、その元老は興津で、また陸軍の参謀総長閑院宮は小田原で病気静養中のため緊急事態には間に合わない。直接に奏上できるのは伏見宮だけである。

真崎、加藤、伏見宮会談は天皇工作で、岡田のあとは平沼か真崎と決めていた、という見方が濃い。真崎への大命降下は叛乱軍が最も期待していたことだからである。あるいは、荒木貞夫大将でもよいが、要望書では、荒木はこれから第一師団が移駐する満州の関東軍司令官任命を上げているから、真崎への大命降下一本に絞り込んでいた。

『木戸日誌』は、軍令部総長の参内の様子を、こう記している。

「朝、軍令部総長御参内になり、速に内閣を組織せしめらるることと戒厳令は御発令にならざること等の御意見の上申あり。且つ右に対する陛下の御意見を伺はる」

だが、宮中側近の組閣に対する考えは、まったくの反対だった。木戸内府秘書官長、湯浅宮内相、広幡侍従次長の三人は、善後処理方針で話し合い、天皇の同意を得ている。箇条書きすると、

一、叛乱軍の鎮圧に集中すること。

二、後継内閣の組閣は、叛乱軍の成功に帰することとなる。

三、時局収拾のための暫定内閣構想には同意しない。

この三点を申し合わせ、天皇の同意を得ていた（木戸幸一関係文書）。

天皇が伏見宮に、「叛乱軍を速やかに鎮圧する方法を講ずることが先決」とし、「自分の意見は宮内大臣に話しおけり」といったことは、組閣拒否を意味している。

杉山参謀次長とは打ち合わせもなく、川島陸相は非公式の軍事参議官会議を決めていた。重要議題は、陸相、教育総監、参謀総長の三者会談で決めることになっていたが、亡くなった渡辺教育総監を除くと川島だけが残っているのに、動揺していたせいと、先輩である軍事参議官の意見を取り入れようと、杉山には相談なく、勝手に本庄侍従武官長に手続きをとってもらった。

参議官の中では、荒木、真崎はすでに参内していたが、午前十一時、他の参議官には急遽《きゅうきょ》呼びかけた。進言したのは山下奉文調査部長で、真崎がリーダーシップをとった。

寺内寿一は自発的に参内したが、阿部信行、西義一、植田謙吉、林銑十郎は川島陸相からの電話連絡で駆けつけている。ただし、林は身の危険を感じ、参内が遅れた。着いたのは一時間後の正午すぎだった。この七人の臣下の陸軍軍事参議官のほかに、梨本、東久邇、朝香の皇族参議官が加わり、宮中の東溜ノ間で午後一時から始まった。

香椎浩平東京警備司令官、杉山参謀次長、山下調査部長、石原作戦課長らは別室に控えた。

会談の内容は、川島陸相から、この時点ではまた蹶起部隊という表現で、対策を三段階に区切って自分の案を説明した。『杉山メモ』によると、

一、勅命を仰いで屯営に帰還すべく諭す。

二、聴かざれば戒厳令を布く。

三、次いで内閣を組織する。

ここに言う内閣とは、蹶起部隊の意を汲んだ、真崎内閣を意味した。

この時の議事進行は、荒木が進めた。荒木は川島陸相の説明のあと、

「川島案に先だち、まだ我々のなすべきことあり。今日まで我々のなしたることを回想するに、国体の明徴、国運の開拓に努力はしたものの、その実績上らず、遂に今日の事態を惹起《じゃっき》せしむ。若《も》しこの際一歩対策を誤らば取返しのつかぬこととなる虞《おそれ》あり。充分に考えざるべ

からず……」

荒木はそのあと、「昭和維新」の実施を意図し、「我々軍事参議官は出来るだけ努力するから、蹶起隊は兵営に帰って静かに待っていろ」という意味の私見を述べている。

真崎も荒木の考えと同じで、昭和維新の実施を、死をもって当たると述べ、審議が続いた。

別室では石原莞爾が杉山次長に、

「絶対に参議官の介入を許しては収拾がつきません。戒厳令で一気に片づけることです」

と、喰ってかかった。

しかし、杉山は不服ではあったが、すでに決定し、参議官も集まっていることから拒否できなくて、石原をなだめた。それでも石原は続けた。

「将校だけは残しても、兵隊たちは早く帰すことです。でなければ、撃ち合いになりますぞ。彼らには今夜、雪の上で寝ろというのですか。彼らには食料と寝る場所が必要です。参議官会議にかけたら、いつまでたってもラチがあきません」

しばらくたってドアが開いた。合同会議に入る前に、香椎警備司令官は本庄を部屋の隅に引き寄せると、

「事態の収拾には新内閣が速やかに成立することが肝要です。荒木大将でも誰でも宜《よろ》しいではないか」

と、私心を伝えた。

すると本庄は、肯《うなず》いたあと、

「彼らは、荒木は駄目、真崎でなくては、と言っているそうだ。いや、それは誰でも宜しいが、新内閣の成立を速やかならしむることは必要だ」と答えた（香椎戒厳司令官手記）。

会議が進んだ午後二時四十分、川島陸相は昨年成立したばかりの戒厳令一歩手前の戦時警備令を、香椎司令官に発令した。「蹶起部隊を警備司令官の隷下《れいか》に入れるように」との発令で、香椎はすぐに席を離れ、別室から東京警備参謀長の安井藤治陸軍少将に電話で伝えた。

隷下に入れる、ということは蹶起隊は叛乱軍と認めない、という意味である。これを知った蹶起隊は、思わず万歳を叫んだ。だが翌日、一転して叛乱軍になるが、この時点では、香椎の胸中と川島の発令が一致していたので、香椎は喜び、早いとは思ったが、すぐに警備司令の参謀長に知らせた。

間もなくして、荒木は、

「直に話し合っても駄目だから、説得文句の原案を書くがよい」と山下に指示した。

陸軍大臣告示の原案作成は軍事課の担当で、村上啓作軍事課長はただちに陸軍省の幕僚がいる憲兵司令部三階へ急いだ。距離的に平河橋を渡った方が近道で、たぶん車は平河門を出て平河橋を渡り、内堀通りを九段方向へ急いだのだろう。

大臣告示文、山下が読む

村上は、こうなることを想定して部下の河村参郎、岩畔豪雄《いわくろひでお》両中佐に草案を作らせていたが、完成していなかった。彼は午後三時、二人の前に現われると、不充分ではあったが、草案をもぎとり、宮中へ引き返した。加筆して出来た草案は五項目である。

一、蹶起の主旨に就《つい》ては、天聴に達せられあり。
二、諸子の行動は、国体顕現《けんげん》の至情に基くものと認む。
三、国体の真姿については、其弊風に鑑《かんが》み、恐懼《きょうく》に堪へず。
四、之に基く処に由り、軍事参議官として、一致努力しつつあり。
五、之以外は大御心《おおみこころ》に待つ。

香椎は、陸相のチェックを受けると、大臣告示を確認し、ふたたび電話に出て安井参謀長に伝えた。だが彼が帰ってみると、参議官により五項目の字句修正が行なわれていた。中立派の阿部信行は「諸子の行動」を諸子の真意に、国体顕現を「国体の真姿顕現の至情より出でたるもの」と改めた。

第一項は川島陸相から天皇の前で読み上げているから、天聴に達しているが、蹶起隊の行動は認めず、「蹶起の真意を認める」ことになった。

山下少将は、直ちに青年将校が待つ陸相官邸に車を走らせた。

彼が着いたのは四時である。すでに日没寸前だった。彼は香田、村中、野中、磯部、対馬の五人の将校たちを集合させると、古荘次官、鈴木貞一、西村兵務課長、小藤歩一連隊長、山口一太郎大尉の立ち合いのもとに読み上げた。紋切り型のそっけないものだった。

するると、磯部が鋭く切り込んだ。

「それでは、我々の行動は義軍の義挙であることを認めたわけですか。少なくともそう解釈してよろしいですか」

しかし、山下はそれには答えず、むっとした表情で最初から読み直した。解釈なしだった。

軍事参議官会議は夕方まで続き、夕食後の七時五十分に、皇族の三人を除く七人の参議官は、陸軍大臣官邸へ赴くため宮城を出た。

参謀本部の幕僚は臨時の憲兵司令部庁舎に入り、大部屋で弁当を食べていた。そこに三島連隊の橋本欣五郎大佐が陸大教官の田中弥大尉と南北社の山口三郎、松延繁次を連れて入ってきた。

「砲兵隊を連れて応援に行きましょうか」

と、石原と神田正種欧米課長に言った。

橋本は周囲を見回すと、腹にすえかねて、

「なんだ、自分らの本拠を置きざりにして、こんな所に避難するなんて、おかしいじゃないか」

と厭味を言った。

間もなくして陸相官邸に移動し、そこで蹶起隊員に、

「昭和維新断行の素志を貫徹するよう、及ばずながらこの橋本欣五郎、お手伝に推参《すいさん》した」

と見えを切った。

第七章——義挙と叛乱

橋本、石原の帝国ホテル会談

十月事件で左遷され、静岡県三島の野戦重砲兵第二連隊長の身で、二・二六事件の収拾に動いた橋本欣五郎大佐が、石原莞爾大佐を帝国ホテルのロビーに連れ出したのは、二十六日深夜である。外は凍結して頬を刺す寒さだった。

橋本は陸相官邸からの帰りに、もう一度、臨時参謀本部を訪ね、蹶起隊将兵の大赦と、革新政府の樹立、事件の収拾についての工作を持ちかけてきた。

石原から直接、天皇陛下に会って将兵の大赦をお願いして、それを条件に、蹶起隊を降参させるという策である。

立場上、一介の作戦課長の石原が本庄を通じて奏上することは不可能に近い。石原はたっての橋本構想を拒否できず、杉山元参謀次長に相談している。もちろん、石原が杉山に同行して天皇陛下に奏上できるならば、橋本構想に可能性も見えてくる。その時は「やってみよう。だが、あまりにも重大なので、ボク一人で決めるわけにはいかない。次長の了解を受けねばならぬので」と、いったん仮の参謀本部に戻った。そして次長の部屋に行って相談した。石原は二十分ほど杉山と話している。すると杉山は、「やろう」と了解した。石原はふたたび帝国ホテルに戻る。

上京後の橋本は、茅場町《かやばちよう》の待合茶屋「二見」で軍資金一万円を林広一なる人物から受けとり、半分の五千円を腹心の田中弥大尉に手渡し、部内工作に回した。そのあとで帝国ホテルで石原と会った。

帝国ホテルは電灯がつかず真っ暗だった。石原と橋本は玄関応接室の隅の椅子に腰を下ろした。そのとき橋本は、蹶起隊の中に入り込むために、蹶起隊と深い関係にある陸大教官で相沢公判の弁護人の満井佐吉中佐を呼ぶことにした。

満井が現われて三者会談になる。のちにこのことで、「石原は帝国ホテルに叛乱軍を引き入れて、蹶起隊をおだてていた」と言われることになるが、真相は、昭和維新の断行と組閣だった。三人は二十七日の午前一時まで話している。

じつはこの時間帯で、宮中では異変が起きていた。杉山と石原が天皇に奏上する機会を失うことになろうとは予測だにしないまま、三人による帝国ホテル会談が続いた。橋本は満井に、

「石原大佐殿が聖上陛下に叛乱将士の大赦をお願いに行く。その条件のもとに叛軍を降参させられるか」

と状況打開案を求めた。

続いて石原が、

「このことは、参謀次長も了解ずみだ」

と付け加えた。

「そこで満井君。君は叛乱側とツーツーらしいから、この案を叛軍有力者と交渉してくれんか」

橋本が言うと、満井はしばらく考えたあとで、

「なかなか難かしいと思うが、成否は別として、出来るだけやって見ましょう」（田々宮英太郎著『橋本欣五郎一代』より）

この席で、石原は組閣名を出した。東久邇宮を首相に、陸相には関東軍参謀副長の板垣征四郎少将を推した。だが橋本は、海軍側からと言って、山本英輔大将を推し、一致する。石原としては、満州経営と陸軍の統一を優先し、最適任者はまだ少将ではあるが、前例のないことだが、陸相板垣以外は考えていない。

橋本が「板垣が陸相になる」との説を耳にしたのは、まだ十八日前の十一年二月八日のことである。その前日の七日、石原は支那駐在武官の磯谷廉介少将の訪問を受け、懇談してい

る。

北支では、陸軍中央部が自治国を創る動きもあり、磯谷は関東軍が北支と内蒙工作に執着し、大勢に逆行しているので、支那派遣軍の増強を訴えていた。なかでも、毛沢東《もうたくとう》の中国共産軍は陝西省に入り、北支の治安に重大な影響を与えつつある、と分析していた。共産軍は東征宣言をし、林彪《りんぴょう》は「蔣介石軍打倒」を明らかにした。ソ連にバックアップされた共産軍の東征は脅威だった。

板垣の陸相説は、こうした北支政策に期待していた。

石原は川島ではダメで、板垣を陸相にすることで満州経営と北支政策を積極的に押し進めたい考えであり、橋本・満井との三者会談でも、板垣を推した。このあと、石原は橋本と満井、それに真崎大将に蹶起隊の動きを知らせた。満井は海軍通で政界浪人の亀川哲也と蹶起隊の村中孝次を相ついで帝国ホテルのロビーに呼んだ。

満井の魂胆《こんたん》は、亀川に村中を説得させることだった。満井も亀川も橋本も、「維新を断行する。将士の大赦を聖上陛下に奏上に行くが、撤退を約束しないか」と説得した。

しかし、村中個人では決定できないことで、彼は「——北さんや西田さんの了解を得なければ……」と躊躇《ちゅうちょ》した。

すると亀川が、

「そのことなら心配するな。私が引き受けるから」と言い切った。

「先生がそうおっしゃるなら……」

村中は、渋々と返事をした。

石原は、

「これなら、将兵たちも血を流さずにすむ。あとは天皇陛下に奏上し、大命降下に努力するまでだ」

時計を見ると、すでに二十七日の午前一時を回っている。

石原は村中大尉と満井を帝国ホテルに残し、車を拾うと憲兵司令部の庁舎に戻り、杉山に会ってこれまでの工作を説明し、天皇への奏上を進言した。

ところが杉山は一転して、石原と橋本の工作案を「陛下に陸軍より、かくの如き事項を要望的に奏上することは断じて不可である」と拒絶した。

そこで石原は、山本内閣、板垣陸相案を引っこめ、戒厳参謀長になって、一気に解決しようと、戒厳令司令部構想を打ち出した。

午前一時二十分、石原は杉山と参内し、戒厳司令部の編成、司令官に東京警備司令官を兼任させる指導転属の件を奏上し、裁可を仰いだ。

天皇陛下は、

「徹底的に（暴徒を）始末せよ。戒厳令を悪用することなかれ」と裁可した。

陸軍省では、西溜りの間での閣議にかけて、戒厳令を審議し、午前三時に戒厳令が発令された。正式には二十八日午前五時だが、すでに陸軍省補任課では、司令官に香椎警備司令官を、参謀長には警備参謀長の安井藤治少将を内示した。

この時の杉山次長の無能ぶりに、石原は呆れはててしまった。のちに石原はこの時の心境を、軍令部参謀の小野田捨次郎中佐に、吐き捨てるように語っている。

「こういう場合、もたもたするのが一番いけない。戒厳令で一挙に片づけてしまえと言ったんだが、杉山という男は、ああいう時はまったくダメなんだ。俺は杉山の顔を見ながら、こんな男で参謀次長がつとまるのは平時のことで、いざという時は何の役にも立たないなと、つくづく思ったよ」

石原は、第二次上海事変のとき、陸軍大臣の杉山に統帥権を取り上げられ、ドロ沼にはまってアメリカに戦さの口実を与える最悪事態を生む結果になるが、この頃からこの二人はウマが合わなかった。

もしも、帝国ホテルでの解決策を取り上げて天皇に奏上していたら、事態は好転していたかも知れない。頭から取り上げず、戒厳令一本槍の奏上に終わったことは、日本の悲劇の始まりでもあった。

橋本は、仮参謀本部で石原から詳細を聞くと、

「革命は失敗だ」と思った。彼は参謀本部のある憲兵司令部庁舎を出るや、帝国ホテルに戻った。朗報を待っていた満井中佐に報告すると、

「蹶起部隊の弾圧を強硬にやるというふうになって来たから、早く行動部隊が下がらないと撃ち合いになるぞ」

と言い残し、帝国ホテルを千田副官と一緒に出て、新橋駅へ歩いた。

鎮圧のため、すでに二十六日から近衛師団と第一師団は警備についていた。午後六時には宇都宮の第十四師団歩兵三大隊、工兵一中隊が、香椎の警備司令部の指揮下に入った。高崎部隊（歩兵第十五連隊）は夜の八時三十七分に、宇都宮部隊（歩兵第五十九連隊）は夜の九時三十分、水戸部隊（歩兵第二連隊）は十時三十四分に、それぞれ上野駅に到着していた。

歩兵第十五連隊第一大隊は、憲兵司令部庁舎の警備に配置された。夜の十一時には自動車学校より乗用車二台、自動貨車十五輌、側車（サイドカー）二輌が近衛師団長の宿営に着く。

海軍も芝浦港に接岸して上陸指示を待っていた。

石原二課長動く

二十七日朝三時四十分、香椎に戒厳司令官の辞令が出ると、六時には、九段下の軍人会館二階に戒厳司令部が置かれた。

石原もまた、前夜から一睡もしていなかった。食事もとっていない。空腹感もない。次から次へと慌《あわただ》しかった。

「勅令第二十号」及び「軍令陸乙第一号」により戒厳司令部の編制に関する件が発令される

と、香椎はただちに司令部の人事に取りかかった。

「勅令第二十号」では、第九条までの規定がある。第一条は司令官の指揮、第二条は人事、第三条は戒厳司令部の職員人事で、参謀長の下、参謀部に四つの課と戒厳警察部、副官部、管理部、憲兵、衛兵、経理、軍医部が置かれた。

参謀部第一課長（作戦戒厳）には東京警備司令部参謀副長の井関仭《みつる》大佐（22期）、第二課長（情報宣伝）と第三課長（通信衛生）を石原莞爾大佐（21期）、第四課長（政務補佐）に陸軍省から根本博大佐（23期）が起用された。

石原は参謀本部作戦課長兼務とはいえ、参謀本部の仕事はしばらくの間凍結した。戒厳司令部では後輩の井関が作戦担当課長となり、石原は情報・通信担当という格下げ人事である。これは香椎司令官の意向が強く、参謀長と第一課は東京警備司令部職員で固めた。

のちに石原は高木清寿（元報知新聞記者）に、

「臆病者ばかりで、誰一人として叛乱を鎮圧することが出来なくて困り抜いた結果、俺に解決して貰いたくて俺を戒厳司令部の参謀二課長に格下げした。俺は実に憤懣にたえなかった」

と、二・二六事件の解決方法をめぐって腹立たしい思いを語っている。

何よりも石原が腹立たしい思いをしたのは、今後の打開策を、川島陸相が二十六日に三長官会議にかけず、軍事参議官会議にかけたことである。この参議官会議こそ解決を複雑にした元凶である。

会議は荒木貞夫大将が中心になって進行し、いかにして真崎大将を担いだ組閣に持って行くかという狙いがあった。

この参議官会議の結果を、川島陸相は西溜りの間に集まっている閣僚たちへの報告に出かけた。東溜りの間から西溜りの間へ移動中のことである。石原は川島陸相を摑まえると、

「とにかく早く戒厳令を布いて下さい。叛乱が全国に飛び火したらどうしますか。全国戒厳です。東京だけではダメです」

と進言した。

ところが、陸相は歩きながら、

「まあまあ。今、閣僚と相談するから」

と、閣僚たちが待つ部屋へ入った。石原も一緒に入り、各大臣たちがいる前で、

「この期《ご》に及んで、相談などと悠長なことは言っておられません！　全国に飛び火したら、日本はどうなりますか！　一瞬を争う時です。ただちに戒厳令の公布を奏請して下さい。何のための単独上奏ですか」

と怒鳴り上げた。

閣議室にいた閣僚たちは、石原の怒鳴るような痛言に驚いた。二人が入ってきたのを見た閣僚の中には、不満な顔で、

「統帥部との直接交渉はお断りだ」（松村秀逸著『三宅坂』）
と言うものもいた。岡田に代わって総理代行者となった内務大臣の後藤文夫がまだ到着していないため、閣僚会議は遅れた。蹶起隊員からの暗殺を恐れて逃げ回っていた後藤が参内したのは、なんと夕方である。それから戒厳令を布くかどうか審議した。

石原が、「能なしの、マアマア大臣」と皮肉った川島陸相は、後藤が参内してから開かれた閣議で、これまでの経過を報告している。結果として、望月圭介逓相、町田忠治商相らの強行案で、戒厳令を布く方向になる。

九段会館（旧軍人会館）の二階大広間は喫茶室とブライダル受け付けコーナーになっているが、このフロアは昭和十一年二月二十七日の朝から三月一日までの四日間、戒厳司令部となった。歩いて五分先の憲兵司令部庁舎にいた陸軍省や参謀本部の一部幕僚たちは、雪で凍りついた道を内堀に沿って移動した。

三宅坂の陸軍省、参謀本部に入れない職員たちのなかには、司令部への移動となった者が、午後になって入室した。

軍人会館に移って間もなくの二十七日午前七時頃、第一師団の小林参謀からの第一報が入った。電話を受けたのは石原の第二課で、内容は「小藤大佐（歩一連隊長）は叛乱軍の将校を説得するも、今の所、頑強にして良好なる結果を得ざりき」であった。

戒厳司令部が設置されたことで、以後、叛乱軍と呼ぶようになる。

前夜から陸相官邸に集まった軍事参議官のほとんどは、朝四時頃から一時間ほど官邸ロビーの椅子で仮眠したが、叛乱軍はそのまま同じ位置で一夜をすごした。だが、午後になって、叛乱軍に動きが出はじめた。

石原は情報網を張った。帝国ホテルで会った村中は、栗原や香田、磯部らに伝えて協議したが、不信感からか、拒否された。

「これで、撃ち合いになるな。奴らを早く連隊に帰さんと、全国各地で、叛乱騒動が起きる。早ければ早いほど良い。それにしても真崎の奴――」

石原は真崎大将の慎重な行動に、腹が立ってしようがなかった。

「俺が真崎だったら、真っ直ぐに宮中に参内して、陛下にお目にかかって内外の情勢を申し上げ、これに対する自分の方策を申し上げている。陛下が『よろしい、それで行くべし』と仰せられれば、何者も背くことができない天下の号令である。陛下が『それはいかぬ』と仰せられれば退いて割腹するだけだ。これだけの度胸もなくて、青年将校を煽動《せんどう》して、うまく行ったらそれに乗ろう、まずく行ったら逃げる、そんな卑怯者に事が出来てたまるか」（高木清寿著『東亜の父・石原莞爾』）

参議官の真崎は二十七日の午前五時に仮眠室で起きると、他の軍事参議官と共に宮中に参内した。午前十一時には臨時の陸軍省会議室での軍事参議官会議に出席するが、皇族の軍事参議官が欠席したため会議は取り止めとなり、偕行社に全員で移動した。昼食後、会議に入り、午後三時前に、叛乱軍の指揮者たちと会うため偕行社を出発、三時に陸相官邸に着いた。立ち合い証人が必要と考え、阿部信行大将と西義一大将を口説き、叛乱軍との交渉に同席させた。また、山口一太郎、鈴木貞一、山下奉文、小藤恵も立ち合った。叛乱軍は安藤輝三を除く十七、八名が集まった。

口を切り出したのは、野中四郎大尉である。

彼は、「事態の収拾を真崎将軍にお願いします。全青年将校の一致せる意見です」と言った。

これに対し、真崎は答えた。

「お前たちの気持はよーく分かる。君らが左様に言ってくれることは誠に嬉しいが、今は君らが連隊長の言うことを聞かねば、何の処置も出来ない」

このやりとりを、叛乱軍の将校たちは、「ピントが合わず、もどかしい思いのまま無意議に近い会見に終わった」（磯部浅一著『行動記』）と受けとめている。

西と阿部両大将について、村中孝次は、

「——真崎大将を中心に結束して善処せられ度き事、尚、此事は軍事参議官一同と蹶起将校全部との一致せる意見なるを上聞に達せられ度きことの二件を希望し、之に対し阿部、西両大将は個人的に同意を表し、真崎大将は厚意は有難きも蹶起部隊が現位置を撤去するに非ざれば収拾の道なきを説かれました」

と、憲兵の調書に答えている。

このあと叛乱軍の将校たちは、十五分ほど話し合って、「それぞれ原隊へ復帰する」ことを真崎に言ってきた。このやりとりが、のちに「真崎は逃げた」と非難を受ける原因となる。しかし真崎は、そう言われないように、阿部、西の両大将を証人として立ち合わせている。

ＮＨＫ愛宕山

この日、戒厳令司令部には朝から司法官、警視庁関係者、在郷将官らのほかに、皇道派寄りの斎藤瀏《りゅう》少将、四王天《しおうてん》延孝中将、浅田良逸中将らが訪ねてきた。斎藤の場合は司令部に入る情報の偵察が狙いで、長い間、司令部に居候した。

司令部の石原のところには、各占拠地の様子が入ってきた。首相官邸の叛乱軍は、「吾等の占拠せる聖地だ」と豪語して始末におえぬ状態との知らせも入った。

司令部に都合のいい大尉が来訪してくれた。戸山学校時代の香椎の部下で、柴有時大尉である。香椎は柴大尉を情報係に起用した。すると柴大尉は、叛乱軍側から、「真崎大将と陸相官邸に於いて会見し度し」との情報を得た。香椎は道路向かいの偕行社に軍事参議官会議中の真崎を訪ね、その旨を伝えている。真崎は全参議官に諮《はか》り、会見に行くことを決めて、三時に偕行社を出発、叛乱軍の将校たちと会見する機会を持っている。

司令部では、平和解決のため叛乱軍に充分な安眠をとらせることにした。柴大尉は小藤連隊長からの宿営配布計画図を司令部に届けてくる。

一方の、岡田がやられたと思った海軍は芝浦から上陸し、「国会議事堂に砲弾を撃ち込んでやる」と息巻いていた。首相官邸、ドイツ大使館以東のものは、海軍との衝突の危険があるため、移動させた。

宿泊先をめぐっては、平河町の万平ホテル付近で近衛師団とドイツ大使館近くにいた叛乱軍との間で衝突せんばかりの事態になった。また、安藤部隊は幸楽と山王ホテルに分宿するが、そのさい、叛乱軍は山王ホテル側を銃で脅し、満員の泊り客を追い出した。

その夜遅くなって、村中孝次元大尉と香田大尉が戒厳司令部を来訪し、司令官に、「南次郎大将、小磯、建川美次両中将を速やかに逮捕されたし」と進言した。

この時、香椎は西郷隆盛と勝海舟との江戸城無血開城の美談を村中と香田に話した。血走った眼付きの二人は、ほぼ納得したかに見えた。だが、叛乱軍は機関銃を赤坂見附に備えるなど緊迫した状態に入り、鎮圧隊と睨み合いが続いた。

第三連隊の安藤輝三の中隊は国会議事堂を占拠していたが、宿泊先を料亭幸楽と交渉した。幸楽では土足で上がれるように、すべての畳を裏返した。交渉に当たったのは堂込曹長である。彼は二十七日の夜、数百人の群衆に向かって蹶起文を読み上げたあと、

「われわれは、これより死を覚悟している。私の希望は何もない。われわれは国家のために

死ぬものである。遺族のことは何ぶん頼む」

と、涙声で演説した。

すると群衆の中からは、「愛宕山《あたごやま》の放送局を占領して、今の声明文を全国に知らせろ」「諸君の働きに国民は感謝している」との声が返ってきた。

堂込は思わず声が詰まってしまった。

ところが、この群衆の声が伝わってくると、戒厳司令部の石原は、ただちに愛宕山のNHK（日本放送協会）放送局に守備隊を派遣させた。もしもこの処置が遅れ、叛乱軍がNHKの放送局を占拠して全国に蹶起文を流していたら、石原が最も恐れていた各地での叛乱騒動を惹《ひ》き起こし、収拾がつかなかっただろう。

叛乱軍がそこまで計画に入れていなかったのは、石原や第二師団の兵たちと違って、実戦経験のなさである。真崎や荒木、川島陸相らへの依存のみだった証拠である。

地方の連隊では、二・二六事件をどう捉えていたか。憲兵隊が最も注目していた人物が、鹿児島歩兵第四十五連隊中隊長の菅波三郎大尉である。菅波は昭和六年、鹿児島から歩兵第三連隊に移った頃、北一輝の『日本改造法案大綱』に影響を受け、安藤輝三らに国家改造を打ちあけている。いわば二・二六事件のルーツ的存在の人物である。

彼は昭和十年十月、鹿児島連隊に戻されて第一中隊長となったが、それ以来、安藤や栗原、村中とは連絡がとれなくなっていた。それでも憲兵隊は、菅波の行動を監視していた。

菅波は昭和五十三年二月発売の『文藝春秋』誌上で、「二・二六事件は死んでいない。昭和史・最後の証言」の中でこう語っている。

「当局は、私がリモコン操作をやったんだと疑っていた。あとで予審がある程度進んでわかったんですが、村中が手紙を出していたんです。菅波だけには知らせておこうと手紙を書いたが、郵送できない。そこで満州に赴任する少尉に託した。ところが、その少尉が時間的余裕がなくて北九州の同志に託した。そしてぐずぐずしているうちに事件が起きちゃった。私が背後で糸を操っていたという疑いは晴れましたけどね」

菅波が事件を知ったのは、二十六日の『朝日新聞鹿児島版』の号外でだった。大体の真相を知るのは二十九日の夜明け前で、第十三連隊にいた同志からの連絡による。菅波は「万事休すの状態だった」と語っている。のちに彼は熊本師団の留置所にぶち込まれ、東京に護送されて禁錮五年の刑を受ける。もしも叛乱軍が愛宕山のNHKから全国に放送していたら、鹿児島の第四十五連隊および熊本の第四十六連隊でも呼応して立ち上がっていただろう。

二・二六事件を肯定する菅波は、四十年前のことを、次のように語っている。

「第一次世界大戦以来、日本においては社会の組織と、その組織の中に含まれるもろもろの個人との間に、著《いちじる》しい矛盾が生じ、日本の社会は憂うべき状態に陥った。ことに経済組織の問題は幾多寒心に堪えぬものがありました。（中略）哀しいかな、当時の日本には言論の自由が存在しなかった。剣を執って戦う以外には方途がなかった。天皇制のもとで、力を以て維新への道を開き、天皇の大権の善用活用を目指して蹶起したのが、二・二六事件のつわものたちだったのです。

その用兵作戦の上に、拙劣な点があったけれども、そして悲しむべき結末を告げたけれども、その志は、いやその志すら、多くの人々には未だに解明されないまま、歳月は流れて既に四十年を越えてしまいました。このまま忘却の淵に沈んでゆくのか。決してそうではない。別の形で時代は目覚めつつある。日本人が、どうすることもできない窮境に追いつめられてゆくとき、一方で二・二六事件は蘇生しつつある。それがハッキリ意識される時がくる」

菅波大尉が東京のいずれかの連隊にいたなら、作戦も用兵も変わり、一気に宮城占拠の手段に出ていたかも知れない。安藤や香田、村中らが菅波との連絡を断たれたことは、二・二六事件の失策を意味していた。

石原、荒木大将を一喝す

翌二十八日午前五時すぎ、ついに奉勅命令が正式に伝宣された。

「戒厳司令官ハ三宅坂付近ヲ占拠シアル将校以下ヲ以テ速ニ現姿勢ヲ撤シ各所属部隊長ノ隷下ニ復帰セシムベシ

奉勅　　　　　　　　参謀総長　載仁親王」

香椎戒厳司令官は二月二十八日午前五時三十分、「戒作命第八号」を以て第一師団に「師団長は占拠部隊を先ず速に小藤大佐の指揮を以て歩兵第一聯隊に集結せしめ、且該部隊をして赤坂見附を通過せしめ、之が為近衛、第一師団は赤坂見附付近を開放すべきを命ず」と指示した。

三十分後の七時、香椎司令官は近衛師団長に、「半蔵門付近に自動貨車積載部隊若干を準備し、状況に応じ機を失せず陸軍省、参謀本部を確保すべき」を命じた。

奉勅命令が両師団に伝わった直後の七時二十分、石原莞爾射殺を命じられ、日蓮の声を聞いて銃を納めた山本又少尉が司令部にやってきて、

「叛軍の武装を解除するな。現地の撤去は延期され度し」と要求した。

彼は農相官邸に宿泊していたが、単独行動だった。

杉山と石原は、奉勅命令で、一気に武力で鎮圧する方針に変わりはなく、それが相撃ちを避ける唯一の方法と考えていた。石原は山本に、

「奉勅命令に従わなければ武力討伐するまでだ」と告げた。

そこに真崎大将の腹心、満井中佐が姿を見せた。満井は武力発動を避け、昭和維新大詔の渙発を依頼した。なんとか流血を避けたい石原も、その旨を香椎司令官に進言した。

「このさい、昭和維新の聖勅を拝してはいかがですか。一つは国体明徴を徹底し、二つ目は

兵力を増強する。三つ目は国民生活を安定させることです」

香椎は満井中佐、山本少尉が司令部を出たあと、川島大臣と杉山次長を司令官の部屋に呼び、流血を避けるため、石原案に加味した上奏私案を二人に述べた。

要旨は、「事態の推移を此儘《このまま》に放置する時は、皇軍相撃ち、且無辜《むこ》の臣民、外国人等に対しても死傷者を生ずる大不祥事を見ずして、本日拝受せる奉勅命令の実行令は不可能となりたるものと判断せらる。

若し万一建国以来の皇謨《こうぼ》に則《のっと》り、昭和維新に発展せしめらるる聖旨を拝することを得るに於ては、流血なく前記奉勅命令を実行し、事態を完全に収拾し得るものと信ず。

此の如きことを上聞に達するは、恐懼《きょうくお》措く能はざるも、事態の重大性極めて深刻にして、皇国興廃の岐《わか》るるの秋《とき》なるに鑑《かんが》み、臣等謹みて聖断を仰ぎ奉る。戒厳司令官　香椎浩平」

だが、杉山元参謀次長は反対した。

また陸相の川島も、「陛下に昭和維新を強要し奉るは恐懼に堪へず」と述べて、消極的となる。

戒厳司令官には軍政、人事権はなく、陸相の上奏を待つだけになる。二人に反対されたらそれまでである。残念ながら香椎の単独上奏文は撤回された。

二十八日午前六時は奉勅命令が伝宣された直後である。その頃、西は半蔵門と麴町の李王家を結んだ線、南は赤坂見附から山王下、溜池辺りまでを結んだ線、東は日比谷公園の交差点から田村町、虎ノ門、溜池を結んだ線まで第一師団、近衛師団が鎮圧の守備につき、叛乱軍を包囲し、一触即発の感を呈していた。

戒厳司令部には、一度、国会議事堂にいる安藤らに奉勅命令が下された旨を説明した満井が引き返してきた。

二十八日午前七時三十分頃、司令部を出た満井中佐の呼びかけで司令部と参謀本部との合同会議となった。会議室には参議官の荒木、前年の相沢事件で引責して参議官になった林銑十郎のほか、今井清軍務局長、飯田貞固参謀本部総務部長、林と荒木に出席を求められた川島陸相、杉山参謀次長、それに参謀本部作戦課長兼戒厳司令部第二課長の石原大佐が集まった。

不眠から全員緊張していて、ドアが開くたびに全員が振り向き、空間に充血した視線を送った。

呼び出された川島と杉山が入って席についたときである。石原はいきなり、

「軍事参議官は、この席から出て行ってもらいます」

と強硬に退場を要求した。

すると荒木は、

「キミ、何を言うか。一同相談の結果、叛軍を武力討伐するにおいては極めて重大な影響がある」

「ここは参議官が座れる場所ではありません」

「いや。非常事態だ。皇軍相撃をさけよ。絶対に兵力使用はいかん」

と、荒木は杉山と香椎に訴えた。

石原は荒木の声を聞くや、会議室に入るなり、

「バカ！　お前みたいなバカな大将がいるから、こんなことになるんだ！」

と怒鳴った。荒木は怒って、

「なにを無礼な！　上官に向かってバカとは軍規上許せん！」

と、怒鳴りかえした。

すると石原は大きな声で、

「叛乱が起こっていて、どこに軍規があるんですか！」

と、喰ってかかった。奉勅命令が出てからは、軍事参議官の出る幕ではない、と言う意味である。

この剣幕で、荒木と林は石原によって戒厳司令部から追い出された。大佐が大将を怒鳴りつけた例は、世界軍事上初めての出来ごとだった。のちにこのやりとりを聞いた首相の岡田啓介は、

「当時大佐ぐらいだったんだろうが、ずいぶん思い切ったことを言ったものだ！」

と、回顧録の中で語っている。

二人の参議官が退場したあと、香椎司令官はあらたまった態度で発言した。この発言が参謀本部の杉山の怒りを喰らうことになる。

「この機会に及びて平和解決の唯一の手段は、昭和維新断行のため御聖断を仰ぐにあり。自分は（と司令官でなくいち個人として発言）今より参内上奏せんとの考え。上奏の要点は昭和維新を断行する御内意を拝承するにあり。目下の状況においては、叛乱将校はたとえ逆賊の名を与えらるるも、奉勅命令に従わずという堅き決心を有す。奉勅命令未だ出しあらざるも、これを出すときは皇軍相撃は必然的に明らかなり。本来自分は彼らの行動を必ずしも否認せざるものなり。特に全軍相撃に至らば、彼らを撤退せしむべき勅命の実行は不可能とならん」

杉山は、不自由な右眼をカッと開くや、

「参謀本部は全然不同意なり。もはやこれ以上、軍紀維持上よりするも許しがたし。また陛下に対し奉りこの機に及んで、昭和維新の勅語を賜うべくお願いするは恐縮に堪えず。統帥部としては断じて不同意なり。奉勅命令に示されたる通り討伐せよ」

と討伐を迫った。

香椎は、しばらくの間、沈思黙考した。

はたして香椎は何を考えたのか。「取り消す」と答える。

午前十一時頃、第一師団長（堀丈夫中将、皇道派）と小藤連隊長が司令官室に現われ、

「軍隊の事情上、攻撃は困難。奉勅命令を小藤大佐に渡すも、之を叛乱軍将校に示す時機は、第一師団長に一任されたし」と要望した。

堀は正午頃、陸相官邸に入り、栗原、山口、安藤、村中、磯部ら十三名と会見する。代表者は「万事を任せる」と誓約書まで書いて、「我々は、奉勅命令を願い、之を見た以上之に反する積りは毛頭ない」と、田中中尉が憲兵将校に話したことが司令部に入る。

また司令部には、「下士官以下を返し、将校等幹部は凡て自刃して申し訳す」との情報も入った。この情報を聞いた香椎は、ほっとして昼食をとった。彼は心境を記している。

「四日間の食事中、予の記憶に残れるは二十八日の中食のみなり。ライスカレーを甘《う》ま甘《う》まと食った。それは前記叛軍将校等自刃の報を得て直後のことなりき」

ところが午後一時頃、叛乱軍は決意を翻《ひるがえ》した、との情報に接し、

「丸きり猫眼も啻《ただ》ならず、実に憤激の極なり」と怒り、

「もはや彼らは人間にあらず、信を措《お》くに足らず（中略）、金もいらず、名もいらず、命もいらぬと云う志士とは似てもつかぬ曲者だ」と、腹を決めた。

第八章――勅命くだる

会議中断、直ちに攻撃

第一師団歩兵第一連隊長の小藤恵大佐、内閣調査局の鈴木貞一大佐、本庄繁の娘婿で第一連隊の山口一太郎大尉、柴有時大尉の四人が、占拠している陸相官邸から戒厳司令部を訪れた。司令官室のテーブルを挟んで対峙した。

司令部からは香椎と参謀長の安井、石原二課長、松村新聞班長が同席した。

鈴木貞一は昭和十六年、東条内閣で国務大臣になる男だが、彼は前座をつとめ、

「私はこの事件が起きた時、すぐ鎮圧すべきだと思った。しかし今となって鎮圧は考えものだ。この事件をきっかけとして、昭和維新へ持って行くべきである」と口火を切った。

石原も香椎も安井参謀長も黙って聞いていた。最後に山口大尉が、長々と奉勅命令の実施延期を、涙声で次のように訴えた。

「今、陸相官邸を出て、陸軍省脇の坂を下り、三宅坂の寺内正毅《まさたか》銅像（川島のあとの陸相、寺内寿一《ひさいち》の父）の前にさしかかると、バリケードが作ってあった。半蔵門からイギリス大使館前にかけて部隊が駐屯している。戦車も散見する。あのバリケードは何のためのバリケードだろうか。あの部隊は何のための部隊だろうか。そうして物かげに隠れている戦車はどんな意味だろうか。聞くところによれば、明日、蹶起部隊の撤退を命じ、聞き入れなければこれを攻撃するという。

蹶起部隊は腐敗せる日本に最後の止めを刺した首相官邸を、神聖なる聖地と考えてここを占拠しておるのである。そうして昭和維新の大業につくことを要望しておるのに、彼等を分散せしめて、聖地と信じておる場所から撤退せしむるというのはどういうわけであろうか。

しかも、同部隊は既に小藤部隊に編入され、警備に任じておるのに、わざわざ皇軍相撃つような事態を惹《ひ》き起こそうというのは、一体どういうわけであろうか。

皇軍相撃つということは、日本の不幸、これより大なるはない。同じ陛下の赤子《せきし》である。皇敵を撃つべき日本の軍隊が銃砲火を相交えて、互いに殺戮《さつりく》しあうなどということが許さるべきことであろうか。

今や蹶起将校を処罰する前に、この日本を如何に導くかを考慮すべき秋《とき》である。昭和維新の黎明は近づいている。しかも、その功労者ともいうべき皇道絶対の蹶起部隊を、名づけて叛乱軍とは何ということであろう。どうか皇軍相撃つ最大の不祥事は、未然に防いで頂きた

い。奉勅命令の実施は無期延期として頂きたい」（松村秀逸『三宅坂』より）

新聞班長で戒厳参謀の松村は、このシーンを「森閑とした真夜中、場面が場面だけに心打つものがあり、真打ちとしての彼の発言は効果百パーセントかの如く見えた。その間、香椎さんは呼リンを押して、ボーイを呼び、茶菓子を運ばせ、しきりに山口にその茶菓子をすすめて、興奮した空気をやわらげることに努めておられたのを思い出す」と書き残している。

香椎も、「まだ攻撃に確定したわけではない」などと、口ごもって言った。しかし、山口はどうしても叛乱軍の意向に同意せずにおられないという面持ちで進言した。

「死のように重苦しい空気がこの部屋を支配した」と、松村は回顧している。

その時だった。テーブルの端の方に座って静かに聞いていた石原が、突然立ち上がった。

そして、石原には珍しく低い声で、

「直ちに攻撃。命令受領者集まれ！」

と言って、司令官室を出た。それからドアの前で、各隊の連絡者に向かって、落ち着いた口調で、

「軍は本二十八日正午を期して、総攻撃を開始し、叛乱軍を殲滅《せんめつ》せんとす」

と、作戦命令を口頭で伝えた。

それから、側にいた小藤連隊長、満井佐吉中佐の方を顧みて、

「奉勅命令は下ったのですぞ。御覧のとおり、各部隊の集結は終わり、攻撃準備は完了した。

飛行機も戦車も、重砲も参加します。降参すればよし。然らざれば殲滅する旨を、ハッキリと御伝え下さい。大事な軍使の役目です。さあ行って下さい」

と言って、左右の手で二人の首筋を摑み、階段の降り口の方へ押して行った。石原には、「これで無血に終わる」と先が読めていた。

この様子を見ていた松村参謀は、次のように書き残している。

「私はこの様子を司令官室を出て、ドアの側に立って見ていたのだが、世に言う『颯爽《さっそう》』という言葉は、この時の石原さんをさすのだと思った。波瀾と混乱の中にあって、少しも目標を見失わず、テキパキと処理して行くことは、石原さんのハマリ役であった」

下士官兵ニ告グ

だが司令部には、二十八日午後一時五十三分、第一師団参謀長より、

「小藤大佐は奉勅命令、師団命令に基づき只今出かけました。各部隊が小藤大佐の指揮に入り師団司令部の南側空地に集合せしむる迄には相当の時間を要することと思う」

「叛乱部隊は小藤大佐の指揮を以て逐次集結しつつあり」の電話が入った。

参謀本部からは、「歩兵一小隊が軽機二、三宅坂を占領し、半蔵門方向に向かい陣地占領」

「陸軍省裏西端には参謀本部の方向に向かい重機、歩兵一大隊あり」

「新議事堂の南側を東北方に向かい歩兵一中隊前進中なり」

「陸軍省、参謀本部占拠部隊は前進せず。冨永中佐も同意見なり」との通報が入った。

午後三時四十分、第一師団からは次の報告が入った。

「小藤大佐が叛乱軍の処に行き、兵を集結帰来するよう叛乱軍将校に説諭したるも、意の如く解決すること困難なるものの如し」

第一師団からの報告では、小藤の説諭は失敗していた。これを知った戒厳司令部は、治安恢復《かいふく》のため武力行使もやむなし、と判断した。

午後四時、司令部は戒作命第十号をもって、近衛師団、第一師団に叛乱部隊に対する攻撃を準備させた。

司令部の会議で、石原は声を大きくした。

「催涙弾、ガスを使って、徹底的にやる。悠長なことは言っておれない。出来るだけ兵力を集めよ。これは脅しではない。叛乱軍には空から伝えよ。飛行機を飛ばして、各兵に知らせることだ。奴らは何も知らずに駆り出されただけだ。急げ！」

「第二師団の四大隊が指揮下に入りました」

参謀の一人が言うと、「奴ら、きたか」と思ったが、石原は聞かぬふりをした。仙台四連隊のかつての部下たちである。

「兵の損害を少なくするため、まず戦車にて将校のみを狙撃すること。ガスの利用は、殺人に至らざる強烈なもの、催涙弾を使う」

「なお、近衛師団は宮城内にとどまり、なるべく使用せぬように努力する。大事なことは、市民の避難を十分にすることだ」

さすがは満州事件で指揮をとった石原である。他の者は実戦経験がなく、ただオロオロしている。

石原の説明を聞いていた香椎司令官が、ふと体を乗り出した。

「どうだね。双方の損害を少なくする方法として、夜襲をかけてみては」

残念ながら、安井藤治参謀長も井関侊《みつる》作戦課長も、まだ一度も実戦の経験がない。返答に困って応え切れずにいた。彼らの顔は、満州事変をやりとげた石原を窺《うかが》った。

「こういう時に、何もできない奴らだ」

石原は、腹の中ではそう思った。

「しかし、夜襲をかける前に、市民や大使館員たちを避難させねばなりません。宮中にも流弾が落ちることになる。くれぐれも近衛師団は、宮城外での戦闘には一切干与してはならない」

「そうか。市民を避難させると、彼らに悟られるか。夜襲は撤回する」

会議のさなかに石原は、

「兵に告ぐ」

「軍旗に手向ふな」

の垂れ幕の一件を提案した。上空を旋回して、ビラを飛行機からばら撒《ま》く方法で、司令部で印刷することにした。撒布エリアは赤坂、山王ホテル前、首相官邸、国会議事堂、陸軍省から半蔵門、九段方面である。

ビラの文は次の「下士官兵ニ告グ」を含む三項目である。目の前で書いて渡した。

「下士官兵ニ告グ

一、今カラデモ遅クナイカラ原隊へ帰レ

二、抵抗スル者ハ全部逆賊デアルカラ射殺スル

三、オ前達ノ父母兄弟ハ国賊トナルノデ皆泣イテオルゾ」

根本博大佐を課長とする第四課は、ただちに印刷に入った。

午後五時はすでに暗い。白い道路は凍結した。軍人会館二階の戒厳司令部を警備する憲兵たちは、凍りつく夜に、時々、体を動しながら両手に息を吹きかけて寒さをしのいでいる。一見して静かな夜を迎えようとしていた。

夜の五時になった頃である。突然、第二課の電話のベルが鳴った。鎮圧側予備隊として警備の歩三第十中隊長代理の新井勲中尉が、靖国参拝と称して無断で中隊を引率し、靖国神社の方へ向かった、との一報だった。

新井中尉は歩兵第三連隊で安藤大尉たちと同志だったが、蹶起には「時期尚早である」として参加しなかった。逆に、叛乱軍を鎮圧する側として警備についていたが、二十八日の夜

は軍の武力鎮圧方針に反省を求める目的で、一種のデモを行なったのである。

この行動を知った石原は、

「靖国参拝は表向きだ。皇居を奇襲するつもりだ」と判断した。そして、

「第一師団に追躡《ついじょう》させよ。油断するなと伝言だ。司令官、これでよろしいですな」

「近衛歩兵第三連隊に、武装解除に当たるように」香椎が命令した。

「ただし、宮城からは出ないように。こっちにきたら背後に立つだけでよろしいでしょう。新井中尉とは何者だ?」

石原は、若い参謀の一人に訊《き》いた。

「安藤大尉の子分です。ですが、情報では、蹶起には反対したようです」

「顔をたてるつもりだな。井出大佐に追っ払うように伝えよ」

石原の判断で、近衛歩兵第三連隊から五百名を出動させた。

第一師団は護衛のため追躡した。

参謀本部第九課長の井出宣時《のぶとき》大佐と第一師団の江上副官が新井中尉に会い、靖国神社方面への移動中止を説得した。

井出は石原と陸士同期であり、参謀本部第九課長で、演習担当である。井出は臨時の参謀本部からサイドカーに乗ってとび出し、半蔵門前で待ち伏せて一行を止めた。

この判断に、香椎司令官はホッとして胸をなで下ろした。非常時には、実戦経験の有無が

モノを言った。奉天の北大営襲撃、ハルピン攻撃を思えば、こんな内乱なんか、いとも簡単に片がつく。

問題は状況の判断と行動力である。モタモタして、机上の空論ばかりやっていると、取りかえしのつかぬ事態になる。参議官を追い払ったのも、連絡将校の襟をつまんで追い出したのも、天皇に銃を向ける奴はたとえ参議官だろうが、師団長だろうが、徹底して攻撃する旨を伝えるためだった。

叛乱軍を包囲せよ

司令部では、歩兵学校、習志野学校、騎兵学校、自動車学校など七つの学校長に対して、午後六時までに所要の連絡者を出すように下令した。各学校の兵を両国《りょうこく》に集結させるためである。

また、小藤恵連隊長の叛乱軍説得工作は時間切れとなり、叛乱軍を指揮する任務を解いた。これは、説得に応じない叛乱軍の態度が明らかになったので、これ以上説得する必要はなく、今後相撃ちになった時は、部下を狙撃するもやむをえない、という意味である。

この命令を伝達した直後、石原の第二課に、第十四師団の主力部隊が、新宿と渋谷に到着するとの報《しら》せが入る。

第十四師団は、師団司令部、旅団司令部、装甲自動車隊、騎兵小隊、歩兵第五十九連隊一

大隊の宇都宮部隊と、歩兵第十五連隊の一大隊の高崎部隊、歩兵第二連隊の一大隊と工兵第十四大隊の一中隊で構成された水戸部隊、歩兵第五十連隊の松本部隊である。

これで、攻撃隊はあらたに第二、第十四の二個師団と、各学校の部隊が首都圏に集結することになる。

第十四師団は、丸山自動車部隊により新宿、渋谷駅から陸軍士官学校前に集結した。

香椎司令官が戒作命第十四号を以て、

「二十九日朝より断乎《だんこ》武力開始の準備令」を近衛、第一の両師団に出そうとした数分前の二十八日夜十一時頃である。戒厳司令部に東久邇宮稔彦殿下（中将）の御付武官、南部襄吉中佐が同期の石原を訪ねてきた。南部とは幼年学校時代からの友人で、石原を見るなり、

「オウ、いたいた！」と手を挙げた。

「どうしたんだ、襄吉！」

石原は立ち上がった。南部は慌てていた。

「東久邇宮殿下のところに、幸楽の叛乱軍が御迎えにくる、との報せがあったと、清浦中尉の弟からの話だ」

「奴ら、殿下を担ぐつもりだな。それで殿下は？」

「宮中からお帰りしたさい、清浦に召されても御心変わりなきように言上《ごんじょう》してきたぞ」

「秩父宮邸にも、奴らは貨物自動車で出動したが、近衛師団で警固している。殿下をたのむ

ぞ」

石原は、岡田のあとには東久邇宮内閣を希望していたことを、南部に知らせたかったが、戒厳令が出てからではすべてが遅かった。こんな時、ナポレオンならどうしただろうかと、ふと考えた。

「今からでも間に合うというだろうか。それでは天皇陛下に弓をひくことになる。すべては参議官の連中が余計なことをしてくれたせいで、板垣の陸相就任も、これでなくなった。この一件が片づいたら、大佐以上は全員辞表ものだ。参議官全員クビをくってもらおう。それが責任の取り方というものだ」

南部と別れたあと、ふと石原は天井を見上げながら、「明日はいよいよ攻撃だ」と呟《つぶや》いた。

気がついたら、二十九日の午前一時を過ぎていた。

石原たちは床の上で仮眠をとった。暖房がきいていたから、寒くはなかったが、外套を着込んだまま寝たので、幸いにも暖をとれた。

昭和維新の歌、流れる

その頃、叛乱軍の方ではどうしていたか。

第一師団歩兵第四十九連隊（甲府）は、赤坂見附から山王ホテルの前まで陣をとり、攻撃態勢をとっていた。第四十九連隊の第一大隊第三中隊長の橘高《きつたか》鉄雄大尉は、第三連隊中隊長の安藤とは陸士三十八期の同期生で、演習では何度も会い、気心を知った仲だった。皮肉にも、甲府連隊第三中隊の橘高中隊長は、安藤の中隊が籠もる料亭幸楽と山王ホテルに銃口を向けて睨み合う形になった。

安藤にも、橘高の中隊がいる甲府連隊が陣地をつくっているのが分かった。

甲府第四十九連隊（矢野音三郎連隊長）は、乃木坂《のぎざか》の山脇高等女学校と日本青年館に分宿していたが、歩兵第一連隊に集結の命令が伝わったのは二十八日の夜十一時前である。集結が終わると、十一時に出動、第一大隊は赤坂見附に進出し、交通を遮断した。

そのあと赤坂表町警察署、一ッ木通り、赤坂見附、平河町に展開して警備の陣形をとり、鉄条網を張り、土嚢で陣地をつくると重機関銃を備えた。

そこにはすでに世田谷の野砲兵第一連隊をはじめ、野砲、山砲、歩兵砲などが放列を敷いていた。橘高の第三中隊は安全自動車前で警備にあたった。眼の前に山王ホテルがある。

橘高中隊長が山王ホテルを見つめていると、

「汨羅《べきら》の淵に波騒ぐ、巫山《ふざん》の雲は乱れ飛ぶ……」と三上卓作詞の「昭和維新」の合唱が聞こえてきた。

動きがあったのは二十九日未明、「中隊長集合！」の伝令がきてからである。

各中隊長は大隊司令部のある赤坂表町警察署に集まった。

深堀游亀《ゆうき》大隊長が命令を下達した。

「連隊は赤坂見附から平河町を経て、陸相官邸に沿う地区を攻撃する。当連隊の右は歩兵学校の教導大隊、その右、溜池《ためいけ》付近には佐倉の第五十七連隊、その左には近衛師団が配置される。第一、第三の両連隊は第一師団の予備部隊となる。野砲兵第一連隊の一部は青山一丁目付近に陣地をつくり、掩護射撃をする予定。師団に配属された戦車隊は、平河町方面から当大隊と共に突入する。

攻撃開始の時刻は午前八時」

橘高中隊長は、安藤たちを攻撃したくない気持から、大隊長に時間をずらしてほしいと申し出た。

「せめて、攻撃準備にしていただけませんか」

橘高が提案すると、大隊長も攻撃したくない気持は同じで、

「よし、八時を攻撃準備とする」

と、中隊長全員の前で変更した。

午前五時、深堀大隊長は、マイクを握ると拡声器で、奉勅命令が出たことを叛乱軍に告げた。

「兵士諸子よ、私は甲府第四十九連隊の深堀少佐である。これから諸子に伝えたいことがある。今朝、奉勅命令が下った。いま私は命令を見ながら放送している。命令が出た以上、各隊は速かに現在の守備体勢を解いて直ちに原隊に復帰せよ。行進の際は銃を肩から下げ、赤

坂見附から青山一丁目に向かって前進するように。われわれは諸子が一刻も早く帰隊するのを待っている。大御心を悩まし奉っては誠に畏《おそ》れ多い。只今から直ちに帰隊するように……」

それでも、「昭和維新」の唄は、止まなかった。

空中よりビラを撒布

戒厳司令部では、近衛師団長に、飛行機三機を羽田飛行場に出し、戒厳司令官の直轄にすることを命じた。石原が文章化した「兵に告ぐ」のビラはトラックで羽田へ運ばれ、三機の飛行機に積み込まれた。

また、愛宕山のＮＨＫラジオ放送局にも、司令官名の「兵に告ぐ」の原稿が持ち込まれた。

八時五十五分、羽田を離陸した三機は、虎ノ門方向から溜池、赤坂見附、さらには西の方から、叛乱軍の宿舎上空でビラを撒《ま》いた。ビラの文章は、

「兵に告ぐ。既《すで》に勅命は発せられた。諸子が飽く迄《まで》も原隊に復帰する事を肯んぜ《がえ》ざるは、畏《かしこ》くも勅命に背《そむ》き奉り、逆賊たるの汚名を蒙《こうむ》る事となるのである。凡《おおよ》そ諸子が上官に対し献身忠誠を致すのは一に上官の命は直に陛下の命を承《うけたまわ》る義なりと心得ればこそである。

然るに、不幸にして上官が勅命に反抗するに至った以上、尚且《なおかつ》小節の情義に捕われ、或は行懸《がか》りの上に引きずられて最後迄之と行動を共にせんとするのは、諸子も叛逆者として屍《しかばね》の

上の汚名を後世迄も残さねばならぬ事となるのである。
諸子は飽く迄も大綱の順逆を誤って最後の決断を忘れてはならぬ。それには潔《いさぎよ》く意を決して再び軍旗の下に復帰し、速かに大御心を安じ奉らねばならぬ。全国民亦《また》衷心諸子の翻意を念願しつつあるのみである。

戒厳司令官　香椎中将」

また、飛行機からのビラ撒布と同時に、愛宕山からは、中村アナウンサーによる「兵に告ぐ」の原稿が読み上げられた。「諸子」が「お前たち」になるなど表現は違ったが、文意はビラと同じで、語意が強くなっている。

「兵に告ぐ。勅命が発せられたのである。既に天皇陛下の御命令が発せられたのである。お前達は上官の命令を正しいものと信じて絶対服従をして、誠心誠意活動してきたのであろうが、既に天皇陛下の御命令によってお前達は皆原隊に復帰せよと仰せられたのである。此上《このうえ》お前達が飽く迄も抵抗したならば、夫《それ》は勅命に反抗することとなり、逆賊とならなければならない。

正しいことをして居ると信じていたのに、それが間違って居ったと知ったならば、徒《いたず》らに今迄の行懸りや義理上から何時までも反抗的態度を取って、天皇陛下に叛《そむ》き奉り、逆賊としての汚名を永久に受けるような事があってはならない。

今からでも決して遅くはないから、直ちに抵抗をやめて軍旗の下に復帰する様にせよ。そうしたら、今までの罪も許されるのである。お前達の父兄は勿論のこと、国民全体もそれを心から祈って居るのである。速かに現在の位置を棄てて帰って来い。

戒厳司令官　香椎中将」

また一機は低空で飛行した。アドバルーンには、

「勅令下る軍旗に手向ふな」とあった。

午前九時、ビラが撒かれている間に、市民の避難が完了した。同時に、各部隊に攻撃前進を命じた。

首相官邸を占拠していた叛乱軍の中から、投降する兵隊たちの姿があった。午前十一時までに、首相官邸と山王ホテルを除き、全員が帰順した。山王ホテルの安藤の中隊では、山王ホテル車寄せの前に、指揮班、第一小隊、第二小隊の順で横隊に並んだ。その前で安藤は短く訓示し、最後に彼が作詞した「第六中隊の歌」を全員で歌った。

その直後のことである。安藤は隊員に背を向けると、拳銃を頭にあてて、引き金を引いて自決した。しかし、一命はとり止めた。

野中たちは午後三時すぎ、青年将校たちが集まった陸相官邸で「自決か公判闘争か」で議論した。野中は自決には反対だったが、参謀本部の井出第九課長と別室で話したあと、拳銃

を口にくわえて自決した。

二十九日午後二時、叛乱部隊は鎮定され、黙々と各連隊に帰隊しはじめた。

「二・二六事件警備経過の概要報告」には、

「午後二時三十分叛乱部隊ハ鎮定シタルヲ以テ、戒作命第十五号ヲ以テ、近衛第一両師団ハ昭和十年度第一師管戦時警備計画書ニ拠リ警備セシメ、第十四師団ハ近衛、三宅旅団ハ第一師団ノ警備地域ニ宿営シ、教育総監隷下学校ハ夫々《それぞれ》衛戍地《えいじゅち》ニ帰還セシム」とある。

こうしてクーデターを仕掛けた叛乱軍は、四日目に、相撃ち合うこともなく、電撃的に鎮圧された。

もしも決断に迷っていたら、互いに撃ち合い、新しい国会議事堂もドイツ大使館も、また陸軍省、参謀本部の建物、首相官邸等は戦禍にまみれ、破壊されていたかも知れなかった。四個師団と海軍の陸戦隊、さらには各学校の兵隊、車輛まで出撃して包囲した戒厳司令部の電撃的な作戦が、叛乱軍の指導者たちに決定的なダメージを与えた。また、ソ連大使館に勤務する日本人スパイが計画した左翼の便乗蜂起も、その芽を摘《つ》みとることができた。まさしく、短期決戦で、地方の同志たちが呼応する余裕さえ与えなかった。

松村秀逸参謀は『三宅坂』の中で、

「何が、叛乱軍の降伏を招来したか。勿論、奉勅命令が下ったことであろうが、私は石原さんが、何等迷うことなく、躊《ため》らうことなく、実力をもって解決しようとした決意と実行力とに負う所が多いと思う。言葉を換えて言えば、石原の勇気が、東京を救ったのである」と、評価している。

しかし、その反面、石原は叛乱軍関係者から恨まれることになる。予定どおり、第一師団は三ヵ月後の五月、京都の第十六師団と交代して渡満し、北満の守備についた。

電撃的な解決をなしとげた香椎司令官は、二十九日の三時頃参内し、経過を上奏した。そのあと、閣僚たちが集まる宮内省の一室に入り、事件鎮定の経過を報告した。全閣僚の前で、香椎は、「彼（香椎）は叛乱軍の指揮官だった」との噂を、その席で痛撃した。

その席に、撃たれて死去したと思っていた岡田啓介首相の姿があった。岡田は立ち上がると、香椎に謝辞を述べた。また他の閣僚たちも歩みよると、香椎に握手を求め、謝辞を述べた。

それが終わると、皇族が集まっている席に伺候し、これまでの経過の大要を報告した。その席で秩父宮から、

「将校はなぜ自刃せぬか」と下問された。

香椎は、「いかんとも致し方なかりし」と答えることで精一杯だった。

石原ら戒厳司令部の参謀たちは、この夜も帰宅できず、それぞれ残務処理作業に追われた。

石原は、二月二十九日の日記には短く、

「善後処理、当局には見込なし」と書いている。

石原、辞表を出す

その翌朝、三月一日のことである。司令部で仮眠をとった石原は、臨時の参謀本部に戻った。そして参謀たちを前に、

「今回の責任をとり、課長以上は全員、辞表を出すこと。参議官、陸相、次官全員、身を引くことである。これが陸軍の責任というものだ」

と、血走った赤い眼で見渡した。

それから机の中から毛筆を取り出すと、硯箱《すずりばこ》を取り出し、陸軍大臣あてに「進退伺」を書いた。のちに、その理由を石原は、次のように書いている。

「昭和十年八月参謀本部第二課長ノ重職ヲ擔《にな》ヒ対蘇国防ニツキ根本的欠陥アルヲ痛感スルト共ニ、対蘇国防ノ強行的確立ガ年来我陸軍ノ熱望セル昭和維新ノ原動力ナルヲ確信セリ、然ルニ無能無気力ニシテ遂ニ迅速ニ所要ノ計画ヲ立案シ上官ヲ補佐シ得ザリシ結果、今次ノ大不祥事ヲ勃発スルニ至レリ、誠ニ恐懼ノ至リニ堪ヘズ、謹《つつしん》デ進退相伺所也」

石原は、上司である第一部長の鈴木重康の机の上に置くと、そのまま電車を乗りついで戸塚の自宅に帰った。

石原の、責任の取り方が、その後、陸軍省や参謀本部の幕僚たちを困惑させた。大佐以上とは、陸軍の全課長、部長、そして次長から事務官、各師団長、連隊長に至る。まだ部課長

になって半年もならない者もいる。全員が辞職すると、陸軍の機能は麻痺してしまう。参謀たちの間から、そういう声も上がった。

そのとき石原は、

「これは、全員に責任があるのだ！」

と、大声で一喝した。

翌二日、石原の自宅に鈴木部長と第六課長（鉄道、船舶）の安達二十三《はたぞう》大佐が見えて、石原に出勤するようにと慰留説得に出た。しかし石原は、頑《かたく》なに断わった。

石原を慕う長勇参謀は、根本博らと図って、慰留説得に出かけた。長は石原の落とし所を知っていたので、こう言って切り出した。

「あなたの教えた仙台の部隊が、これではどっちが正しいのかと、疑問を持つかも知れませんよ」

しかし、石原は丹前の袖から腕を出して、

「オレがさ、教えた兵隊には、一兵と雖《いえど》も、大義名分を誤るものはおらんぞ」

さすがの長も、返す言葉がなかった。

「荒木、真崎、林、阿部の四大将がおやめになられました。それでよろしいではないですか」

しかし、驚く様子もなく、

「当然のことだ！」と一蹴した。

長勇の石原慰留は失敗に終わった。長は参謀本部に戻ると根本博に、

「ダメダメ。飜意しそうにないぞ」と苦笑した。

石原はその日から一週間、自宅に籠もった。しかし、ゴロ寝していたわけではない。彼は満州経営について、宮崎正義と連絡をとりながら、その後の作業を打ち合わせていた。

「だいぶ進んでいるな。日本企業を説得し回ってくれ。人は足りるか。足りないなら相談してくれ」

二・二六事件をきっかけに大きな異動があった。川島が陸相をやめた。香椎は待命となり、七月に予備役になった。ボケの憲兵司令官も待命になる。連隊長も異動になり、第一師団は五月、渡満した。

第三部

第九章——責任のとり方

菅波三郎大尉の不覚

五・一五事件に参加した十一人の陸士候補生といい、二・二六事件の磯部浅一、村中孝次、安藤輝三、栗原安秀といい、いずれも菅波三郎大尉の影響を受けた将校たちだった。

それも第六師団（師団長荒木貞夫中将）の鹿児島四十五連隊から、彼一人が東京の第一師団の歩兵三連隊に陸大受験のために転任となった昭和六年八月からである。しかし、陸士三十七期の菅波は、北一輝の『日本改造法案大綱』を読んで、北や西田税と接触し、革新運動に燃え、十月事件を起こした橋本欣五郎中佐や永田鉄山大佐、池田純久中佐（東大出）らとは離れる。

昭和七年の五・一五事件後、菅波は北満の公主嶺警備隊に飛ばされ、皇道派の将校たちと引きはなされる。昭和十年十月には、ふたたび鹿児島四十五連隊に戻され、大尉として第一中隊長になり、十一年の二・二六事件の時は鹿児島にいた。彼は安藤や野中、歩一の山口一太郎（東大出）らと同じように、鹿児島でも一月に初年兵が入隊したので、初年兵の教育に追われて多忙だった。

彼もまた、相沢公判に対する印刷物を配ったりしていて、二十五日の夜は自宅で熟睡していた。

事件が起きた二十六日の朝は、鹿児島地方も雪が積もり、寒い朝だった。菅波は、満州へ転任する特務曹長を駅まで見送る。その足で自宅に帰った。

彼が、二・二六事件のことを知ったのは、鹿児島駅から帰った時である。玄関に小さな紙片が落ちていた。

抓《つま》み上げてみると、「鹿児島朝日」の号外で、「青年将校十数名が重臣を暗殺」と書いてある。

咄嗟に、五・一五事件の二の舞か、と思った。これが、二・二六事件のことを知った瞬間だった。彼は急いで朝食を摂《と》り、連隊に駆けつけた。

ところが、連隊には緘口令《かんこうれい》が布かれていて、また記事差し止めで、連隊内の仲間も上司も、噂一つ立たない。まるで無関心に思えた。

菅波は満州から帰った十年十月、鹿児島の連隊に戻る途中で、秘かに東京に出て、三日ほど三省舎に滞在している。その間、彼は西田税、村中孝次らに会って、運動方針を聞いている。

菅波としては、五・一五事件の結果を見ているので、重臣の一人や二人を殺害してもしようがないし、日本が変わるわけではないと先を読んでいた。だから同じクーデターでも、暗殺行動には大反対だった。

菅波の考えは、明治維新のさい、西郷隆盛の「短刀の一つもあればよかろ」の決意を受けた大久保利通と岩倉具視が、宮中で反対する山内容堂らを黙らせて引っくり返したように、宮廷政治を根本から叩き直すことを先決とした。鮫島健男との対談（文藝春秋三月号）で彼は、

「それには、全兵力を挙げて宮城に進入し、天顔に咫尺《しせき》（前に進み出る）して昭和維新断行の大詔発と、改造内閣実現のための大命降下を迫るべきだった」

と語っているように、すべての門から宮城に進入してのクーデター計画を期待していた。

彼が東京にいたなら、この作戦をとっていただろう。昭和十年十月、西田税、村中に会って方針を訊《き》いたときに、二人は「相沢公判一点張りで行く」というので、菅波は安心して鹿児島に戻っている。

その後、村中は、鹿児島の菅波に、満州へ赴任する少尉に手紙を託していた。手紙を郵送すると、憲兵の検閲にひっかかるため、手渡しの手段をとる。ところが、その少尉には鹿児島へ行く時間がなく、北九州の同志に託した。しかし、なぜか菅波には届かない。そのうちに、二・二六事件となる。

はたして何が書かれ、村中は何を伝えようとしたのか不明である。おそらく二十六日蹶起となり、鹿児島でも決行してくれ、との伝言だったかも知れない。

二・二六事件は、全国的な蹶起の火は上がらないままに終わった。通信手段がなかったことと、ＮＨＫ愛宕山を占領して、蹶起文を広報しなかったのは、手落ちだった。そこまで知恵が回らなかった、というより、手段と目標が菅波とは違っていた。

菅波が事件の真相を知りはじめるのは、二十九日の早朝で、熊本の十三連隊の同志（志岐孝人中尉か）からである。連絡を受けた菅波は、「蹶起隊は最悪の事態に陥った」ことを知り、革命ならず、これで万事休すと落涙した。

その翌日、彼は連隊長に呼び出される。その理由は、「師団長が直接会いたい」と言ってきたので、三月二日、家族には「師団長に会いに行く」と言い残して熊本へ発つ。それっきり、六年後の昭和十七年まで、連絡がとれなくなる。

なんと菅波を待っていたのは師団長ではなく、法務部長だった。彼は法務部長に連れられて尋問を受け、そのあと、留置所へぶち込まれた。

その後、数日して、今度は東京へ護送され、渋谷・宇田川町の陸軍衛戍《えいじゅ》刑務所に収容された。

同じ頃、北朝鮮の羅南駐屯地にいた陸士三十七期の大蔵栄一大尉（中隊長）も、朝山小二郎、佐々木二郎両大尉と共に（二人は無罪となる）、東京・渋谷へ護送され、宇田川の衛戍刑務所に収容された。戦後、刑務所は渋谷区役所となり、現在はNHK本館になっている。

菅波も大蔵も求刑九年だったが、昭和十二年一月の判決で禁固四年となる。その間、菅波も大蔵も、相沢の処刑を獄中で知る。

相沢の死刑執行は、七月三日午前五時に行なわれた。菅波も大蔵も、七日午前五時、銃殺刑の銃弾の音を聞いた。

相沢の遺骸は、夫人と令弟に一見させた後、直ちに落合火葬場へ運ばれ、憲兵隊の手で荼毘《だび》に付せられ、午後二時半頃、骨揚げされ、遺族が奉持して鷺宮の自宅に帰った。

三日の夜は、自宅で内輪での供養が行なわれた。荒木貞夫大将は軍服に着がえ、憲兵が監視する相沢家へ、弔問した。真崎は五日に弔問した。寺内寿一陸相も花輪を供えようとしたが、側近に遮《さえぎ》られた。それから二日後の七日午前十時、上野発の列車で郷里の仙台へ向かい、祖先の墓所に収まった。

三次にわたる判決と銃殺処刑

相沢の処刑から二日後の七月五日、第一次判決が下りた。起訴された将校一名、元将校十八名、下士官二名、元准士官・下士官七十三名、兵十九名、常人十名に対して、判決が言い渡された。

現行将校は陸軍歩兵少尉の今泉義道で、禁固四年。元将校では香田清貞、安藤輝三、栗原安秀、竹島継夫、対馬勝雄、中橋基明、丹生誠忠、坂井直、田中勝、中島莞爾、安田優、高橋太郎、林八郎に死刑。

常人では村中孝次、磯部浅一、渋川善助、水上源一の四人に死刑。

無期禁固は麦屋清済、常盤稔、鈴木金次郎、清原康平、池田俊彦ら四人。鈴木貫太郎を撃った永田露と堂込喜市は禁固二年。

菅波や大蔵、それに西田税、北一揮らへの判決はまだ出ない。

死刑判決が出た安藤ら十七名の銃殺処刑は、七月十二日午前七時から始まった。どんよりとした日で、練兵場の方から、軽機関銃などの空砲が聞こえてきた。それがひっきりなしに聞こえてくる。菅波は、彼が火種をつくった安藤や栗原、坂井や中橋らが連れ出されるのを、じっと眼を伏せて聞いていた。「バンザイ、バンザイ」の声が上がる。

やがて、空砲が激しく撃ち続けられている中で、バリバリという実弾の音を聞いた。瞬間、「殺《や》られた」と思った。その時、菅波はハックスレイの詩を思い出して、口ずさんでいた。いつも彼に勇気を与えた詩である。

「或《あるい》は深淵が吾々を呑むかも知れない

或《あるい》は波浪が吾々を幸福の岸に届けるかも知れない
然し、まだ最後は来ない
まだ高貴なる労働の時は去らない

この詩を口ずさむことで、彼はどよめく胸を必死に押さえていた。

菅波に判決が下るのは、なんと翌十二年一月十九日の午後一時である。軍人七名は陸軍刑法第三十条、第二十九条により「叛乱者を利する罪」として処刑された。

軍人では、相沢の特別弁護人となった陸大教官の満井佐吉は禁固三年、菅波大尉には禁固五年、第七連隊の大蔵栄一大尉には四年、五連隊の末松太平大尉にも四年、五連隊の志村陸城中尉には三年、菅波と連絡をとった熊本十三連隊志岐孝人中尉には一年と六ヵ月、そして、安藤たちが陸相官邸に侵入したとき、安藤たちを励ました陸軍少将で、事件後予備役になった斉藤瀏には禁固五年の判決が出る。

その他、常人関係者八名は、陸軍刑法第二十五条第二号、刑法六十五条の「叛乱罪」で、禁固一年六ヵ月から三年の判決が出た。

それから半年後の八月十九日、北一揮、西田税と村中孝次、磯部浅一が処刑された。

その翌月の九月、真崎大将が不起訴で釈放された。その頃、菅波、大蔵らは豊多摩刑務所で服役した。

四十年目に「文藝春秋」で真相を語る

事件から四十年目の昭和五十二年、東京地方労働委員の鮫島健男のインタビューで、「二・二六事件はなぜ起きたか」を「文藝春秋」にこう語っている。

菅波が初めて公開した四十年目の真相は、今日にも通用するゆえに、全文を引用し、問題を提起する。

「まず最初に申し上げておきたいことは、二・二六事件はなぜ起きたか、言葉を変えて言えば、その真の狙いはどこにあったか、という問題です。これはそこらの斬った張ったというヤクザの刃傷沙汰ではない。いやしくもクーデターである以上、確固たる政治目標、目的がなければばならない。

さらにこれを生んだ思想的背景、革命精神の根底がなければばならない。この点を明らかにしておかないと、こんな話は講談めいて実のない下手の長談義に終わってしまいます。この点について極めて大雑把ですが、要点をかいつまんで申し上げたいと思います」と前言したあとに続けた。

「第一次世界大戦いらい、日本においては社会の組織と、この組織の中に含まれるもろもろの個人との間に、著《いちじる》しい矛盾衝突が生じ、日本の社会は憂うべき状態に陥った。ことにその経済組織の問題は、幾多寒心に堪えぬものがありました。

そこで大方の志士仁人は、いわゆる焦眉の急務として、それぞれ時局収拾策をさげて世に問うたわけですが、これを二種類にわけると、一つは保守策であり、一つは進歩策でした。前者は従来の経済組織の継続を欲し、後者は断然従来の経済組織を廃して新たな経済組織を築こうとする。

我々はもとより習慣的なものにあくまで固執しようとする前者を非とし、より高い現実を志向する後者を是としました。しかしこれは必ずしも全面的に資本主義を否定し、全面的に社会主義を肯定することを意味しない。経済生活改造の資格をもつものは社会主義の外にないと考えるのは、明らかに邪見妄断です。

『資本主義もいけない、社会主義もいけない』という、この否定的公式は、肯定的表現において、国家的・私人的経済組織を具体的に政策化したものはないのか。

それは北一揮著『日本改造法案大綱』に示された経済政策の三大原則――私有財産限度、私有地限度、私人生産業限度――です。

資本主義は私有に立脚する。ところが何らの修正なしに制定された私有は、あるものの無際限の富化と、他のあるものの無際限の貧化を意味する。無産階級化と貧困は私有の同行者です。

従って、また私有の原理を否定する社会主義が登場してくるのも当然といえます。しかしその試みは失敗した。私有はその背後に社会生活の自然的法則を有するが故に、常に勝利を占める。それはソビエトの例が示す通りです。

そこで私有制度に、社会の不満や分離の発生を未然に防ぐような修正が加えられないであろうか。社会諸関係に安定性を与え得るように、私有制度を改造することができないであろうか。この疑問の答えに該当するのが、右の三原則です。

それが我々の求める新経済組織の根幹です。

我々は自由を尊重する。私有財産を肯定する。その上に立って過度の高さ（資産）あるいは広さ（土地）を規制し、それ以上は国家統制の枠内に入れる。従って中産以下の全国民にはなんらの不安動揺を与えない。国家が『国民指導』という自己の使命に目覚めて、政治的に、道徳的に、先手先手と手を打つことが肝要なのです。

このような理念を持ち、日本民族の正義的生活の組織実現をもって自己の根本的使命と考えた我々は、国家をもってこの組織実現の最有力な手段と認める。従って、国家機関の掌握を志したわけです。

しかし当時の日本には、悲しいかな、未だ言論の自由がなかった。剣を執って戦う以外に方途がなかった。天皇制のもとで、力を以て維新への道を開き、天皇の大権の善用活用を目指して、蹶起したのが、二・二六事件の、つわものたちだったのです。

その用兵作戦の上に、拙劣な点があったけれども、その志は、いやその志すら、多くの人々には未だ理解されないままに、歳月は流れて既に四十年を越えてしまいました。

このまま忘却の淵に沈んでゆくのか、決してそうではない。別の形で時代は目覚め、意識される時がくる、と感じております」

若い見習士官として鹿児島連隊にいた当時の菅波少尉は、北一輝が書いた秘密の本『国体論及び純正社会主義』が読みたくて、年末年始の休日を利用して上京し、大川周明、安岡正篤、満川亀太郎らが創立した大学寮に西田税、満川を訪ね、北一輝にも会い、長い間疑問に思い、自ら解決できずにいた「国体とは？」の答を見つけて氷解する。

それが、これまでの幼稚な子供だまし的な高天原的論法の国体論からの脱却だった。北一輝の「国体・政体は進化的過程のもので、歴史的進行の社会現象として捉えた、国体の三段階進化」である。

「政権が一人にめざめた君主国家、次いで政権の覚醒が諸侯階級に拡張された貴族国時代、明治維新によって貴族階級のみに独占された政権を否認して民主主義に到達し、ここに民主国として第三期の進化に入った。

今や国家に主権があり、統帥権の本体は国家そのものであり、天皇は統治権を行使する立場に立つ。今日の天皇は国家の一分子として国家の目的と利益の下に活動する国家機関の一つである。天皇と議会とが一団となって国家の最高機関を構成する。これが明治憲法下における本当の姿でなければならない。だから君の為ではなく、国の為に、でなければならない」という北一輝の理論に、菅波は感化される。

菅波によると、「美濃部達吉博士の天皇機関説は国家主権論者で、日本の国体は最高機関を一人にて組織する君主国体」で、一人にて組織する最高機関とするという矛盾を犯していると指摘し、北一輝の国体論を評価する。しかし、北の国体論は危険思想だと当局に睨まれ、彼の著作『国体論及び純正社会主義』は発行禁止となり、抹殺された。

言論の自由がなかった時代の悲劇だが、ただ一人、菅波は安藤や磯部、村中、野中、そして五・一五事件当時の若い候補生たちに北一輝の国体論を語り継いだ。そこに、革新の芽がめばえたわけだから、種を蒔《ま》いたのは、菅波三郎だった。

彼は、二・二六事件の遠因は、北一輝の純理正論が封殺されたことにある、と指摘している。根本的には、日本が民主主義国家でなく、言論の自由がなかったことを強調している。そして、二・二六事件について、「過去のものとして葬ってはいけない。二・二六事件は今も生きている。なぜなら、彼らの狙いは何ひとつ解決されていないから」と結ぶ。

さらに彼は、当時の軍人たちについて、対談を終えた心境の中でこう絶筆している。

「天皇を善用して革命に突進した二・二六は圧殺され破滅した。天皇を悪用して戦争に駆り立てたものは惨たる大敗を喫し破滅した。屍山血河《しざんけつか》の大犠牲の果てに、ただ空しく、まぼろしの影は、さまようている。（後略）」

ちなみに、出獄した昭和十七年春頃から、菅波は末松太平らと総合雑誌「理想日本」を創刊した。大蔵栄一はその雑誌に「痴蛙放談」という寸鉄評を連載した。東条英機によって英米に宣戦布告し、ミッドウェー戦線で大敗した直後のことで、次の寸評を書いている。

「蒙古来たる。北より来たる。
北より来たる敵は、
北条これを粉砕す。
米英来たる。東より来たる。
東より来たる敵は、
東条これを屠《ほふ》る」

二・二六事件後の皇道派軍人たち

三月五日、外務大臣広田弘毅に大命降下すると、統制派で陸相に内定していた最後の長州閥の寺内寿一が陸軍の人事に動いた。陸軍省内で画策したのは軍事課高級課員の武藤章中佐で、三月六日の朝、武藤は寺内と組閣本部の外相官邸を訪問し、陸軍の立場を伝えた。すでに各大臣には外相吉田茂、拓相に下村宏、内相に川崎卓吉、法相に小原直、文相に永田秀次郎の入閣が決まっていた。

ところが武藤と寺内は、これらの人物は自由主義的色彩が濃く、現状維持的で、非常時の認識に欠ける、として反対した。寺内と武藤は、これからは国防の強化、国体の明徴、国民生活の安定、外交の刷新の四項目を上げ、これにそぐわない者の入閣は適当でないと強硬に唱えた。

このため広田は、吉田の外相、下村の拓相、小原の法相を取り止める。さらに二人は陸軍の七大政策、外交政策、軍事予算枠を承認させ、ダメな場合は二・二六事件のむし返しになると示唆する。

寺内と武藤は、ただちに陸軍省内の人事に着手する。三月九日付で陸相になった寺内は、皇道派の一掃に出た。まず陸軍省、参謀本部にいる皇道派の幕僚全員を、本省、関東軍から追い出し、統制派の幕僚で固めた。

寺内が陸相となった三月九日から二十三日までは、中間派の古荘幹郎が次官だったが、寺内は気に入らず、三長官会議で統制派の梅津美治郎に変えた。古荘は三月二十三日付で航空本部付の閑職に。五ヵ月後に本部長になるが、一年後の十二年八月には、台湾軍司令官として、海外に出された。

軍務局長には、永田、東条、磯谷という典型的な統制派の磯貝廉介が二十三日付で、軍事課長には村上啓作に変わって中間派の町尻量基大佐（陸士21期）が二十八日付で起用される。

参謀本部の次長の杉山元は三月二十三日で外され、関東軍参謀長の西尾寿造が就任、作戦部長には野砲校幹事の桑木崇明が同じ三月二十三日に就任する。

殺害された渡辺にかわり、教育総監には三月五日付で参議官の西義一大将が就任していたが、八月一日付で杉山元大将を起用して、統制派の寺内寿一陸相のカラーで占められ、皇道派はすべて排除された。

八月一日で、新しく軍務課が新設され、軍事調査部調査班長の石本寅三が起用される。異動にならなかったのは作戦課長の石原莞爾だけである。

皇道派の幕僚たちはどうなったか。事件前というよりも、相沢公判が始まる前に、当時の川島陸相と古荘次官は、相沢公判を控えて、第一師団長の柳川平助を十二日付で台湾に飛ばして、野中、安藤、村中たちと断絶した。

二・二六事件のきっかけとなった一つに、柳川を台湾に飛ばしたことも遠因である。五月には、第一師団は北満に派遣され、二年間駐留する。それを取り締まる憲兵司令官に東条英機を送り込んだ。

柳川の、第一師団長外しは、相沢公判前の人事である。これには、軍法会議を有利に運ぶ狙いがある。軍法会議は、第一師団長が中心になって判決を下すため、柳川がいては困るのである。

第一師団の将校たちは、相沢公判一本で突き進む方針だっただけに、柳川外しは大きな痛手だった。結局、相沢には、柳川に代わって第一師団長になった堀丈夫によって、死刑判決が下される。

土佐出身で皇道派の軍備局長の山岡重厚中将は、相沢事件後の十一月下旬、満州駐屯の第九師団（金沢）の師団長に飛ばされ、ハルピンに駐屯する。十一年十二月一日付で参本付となり、十二年三月一日で軍をクビになり、三月二十九日、予備役に編入された。

山岡が二・二六事件を知ったのは、大雪の中をソ満国境の東国境を視察して、夕方、牡丹江飛行場に着いた時である。その後、彼は二・二六事件について調べた。彼は『私の軍閥観』の中で、原因を激しい口調でこう指摘している。

「青年将校の中には相沢に同情していたものもあって、永田一派は軍人でありながら勅諭に背き、政治の泥沼に足を突っ込んでいる。怪しからん、といきまいていた。最後に東京の第一師団には四月には満州出動、の内命が下っていた。過激な青年将校たちは、満州へ行ってしまうと後はどうなるか分からんから、それまでにやってしまおう。陛下の聖明を汚した徒輩を一掃してしまおうというところにあったらしい。青年将校には、上級者で信頼できる人といえば、元第一師団長真崎大将くらいで、他には良いと思う人はなかったようである。彼らは別に陛下に背くなどという意思はなく、君側にいる悪人を除こうというのがその動機で、それが純真な青年将校の本心だったらしい。ところが長州系及び東条一派の役者たちはこれを悪用して、彼らの尊敬する人が真崎大将だと知り、事件発生後三日くらい経って、急に青年将校を叛乱軍にしてしまった。そうして真崎、荒木をこの渦中に入れんとした。すなわち真崎が彼らをリードしている、本尊は真崎だ、荒木も関係している、こういう風に持って行ったらしく、真崎大将を無法にも、代々木の監獄に収容した。すなわちこれを利用して反長州閥系の征伐をも狙った一石二鳥の策をとったのである。

しかし将校たちを調べてみると、真崎大将には関係なく、かえって軍の要路にいる某々らの名が逐次に共謀者、煽動者として浮かび上がったので、工合が悪くなったようで、そのため審理もいい加減に処刑してしまった」

香椎は待命、満井は禁固三年

二月二十六日朝、川島陸相とは同期の斎藤瀏少将（陸大21期）は、陸相官邸に入り、モタモタしている川島陸相に、

「直ちに宮中に参内して事態の収拾を図れ」

と進言していた。また石原大佐には、

「こうなれば若い連中の志を生かしてやりたい」という意味のことを言った。しかし石原には、

「なにを言うか。兵を引き揚げなければ、軍旗のもとに討伐するのみだ！」と一喝された。

斎藤はアララギ派の歌人で、また文章家でもあった。彼は若い将校たちに慕われていて、陸相官邸では若い将校たちを激励している。すでに五年三月で予備役になっていたが、二・二六事件後の十二月一日、禁固四年の有罪となり免官されて、浪人になった。

同じ土佐出身で、山岡と親しい軍事調査部長の山下奉文少将は、十一年三月、朝鮮駐屯の歩兵四十旅団長として三宅坂を追い出される。十二年八月には支那混成旅団長として北支へ。

翌年七月、今度は北支方面軍参謀長として、前線に立つ。有望な山下は本省には戻されず、この朝鮮行きから終戦まで、外地生活となる。

また相沢事件の特別弁護人となり、また二十六日夕方、帝国ホテルロビーで石原、橋本欣五郎、村中孝次らが事態収拾を謀《はか》って奔走した陸大教官の満井佐吉中佐は、相沢裁判が終わり、処刑される前に「叛乱者を利する罪」として収容され、十二年一月十九日、禁固三年の刑を受ける。

満井に対する判決理由は、次のとおりである（前略、原文）。

「昭和十一年二月二十六日事件勃発し、村中孝次等叛乱者が帝都の枢要地域を占拠し、以て国権の発動を妨害したる上、陸軍首脳部に対し、維新実現の為の建設工作を要望する等叛乱を続行するや、満井は予て《かね》憂慮しありたる不祥事態の竟に惹起したるに驚駭し、此の際一歩処置を過《あやま》たば益々混乱拡大し、遂に収拾すべからざる事態に陥るべきを懸念し、平素の信念に基き、寧《むし》ろ此の蹶起を機とし、所謂《いわゆる》昭和維新を実現せしむると共に、之に依り事態を円満に収拾するの外なしと決意し、二月二十六日午後三時頃、陸軍大臣官邸に到り、村中孝次、磯部浅一、香田清貞と会見し、その希望並に意見を詳細に聴収し、之を軍首脳部に上申せるが、更に進んで、青年将校の精神を生かし、之を機会に速に維新を実現せしむる事を期し、同日午後九時頃、偶々《たまたま》同官邸に参集せる軍事参議官等に対し、叛乱将校等の希望を或程度迄認容し、叛乱部隊を処置せしめんと欲し、現在軍内外は一般に昭和維新的気勢旺《さかん》なるを以て、徒《いたずら》に叛乱部隊を弾圧する事なく善処するの要ある趣旨を力説進言し、且つ翌二十七日強力維新内閣組織の企図の下に、戒厳参謀に対し要望画策する所あり。更に二十八日の朝、村中より叛乱部隊は維新気勢の中心なるを以て、維新の実現を見る迄は現位置の占拠を維持すべき旨を聴くや、軍事参議官の一部、参謀次長、陸軍次官等に対し、叛乱者の意思を達成せしむる意図の下に、維新の断行と叛乱者に対する同情ある処置とに依り事態を収拾せんことを具体的方策に亘りて意見具申し、以て村中等叛乱者に対し軍事上の利益を与うる行為を為したるものなり」

満井中佐は、うまくまとめようと村中を呼び出し、橋本、石原、満井、村中の四人で協議したまでだが、それだけで「叛乱者の意思を達成せしむる意図」となり、叛乱者を利する罪として禁固三年に処せられた。

心情的に叛乱兵たちに同情的だった戒厳司令長官香椎浩平中将は、二・二六事件が鎮定した十一年四月二日で待命、司令部解散の七月十日、予備役に編入された。祐天寺の官舎を引き払い、杉並区の永福町に家を建て、好きな西郷隆盛関係の本を読み、終戦前の二十年二月、出生地の福岡に帰郷した。しかし長男芳哉はラバウル方面で戦死、中将は二十九年十二月、本籍地で死亡。七十四歳だった。

無罪の真崎、戦後真相を語る

軍事課長の村上啓作大佐は二十六日午後三時頃、天皇の「維新大詔」案を持って陸相官邸に急行し、「いよいよ維新大詔の渙発も間近い情勢にある」と、蹶起隊の首脳たちに伝えた。また川島からは「軍事参議官会議を開く」ことも知らされ、参議官の会議で、蹶起隊の趣旨が天皇に届くことになるものと期待した。

ところが参議官会議では、参議官招集を知らされていなかった参謀本部次長の杉山元に、「参議官は天皇の下問に答えるもので、政府への関与はないはず」と抗議され、川島や香田、それに村上の期待は叶わなかった。

十一年三月の人事で、村上は五ヵ月後に最も重要な軍事課長を追われて陸大教官に、同年八月一日付で陸大研主事に、十三年十二月、関東軍付から三十九師団長になる。最後は十九年十一月、満州の第三軍司令官になるが、敗戦後の二十三年九月十七日、シベリアの収容所で病死する。

村上も、ついに三宅坂の中央部には戻れず、満州で過ごした。

二・二六事件後、長州閥が復活したかに見えたのが、寺内寿一陸相の「現役三長官」制である。待命者、参議官の大臣就任や口出しを封じた異例の措置で、その後、荒木、真崎、阿部らの陸相就任の機会はなくなる。

十二年二月、寺内のあとには結核菌保持者の中村孝太郎中将を決めるが、天皇に拝謁する身では、天皇に結核菌をうつす恐れありということから退任する。

十一年八月の人事では、寺内の懐刀《ふところがたな》として活躍した武藤章中佐は、関東軍参謀作戦課長に栄転した。参謀長は板垣征四郎、副長は今村均だが、武藤は憲兵司令官東条英機とタッグを組みはじめる。

のちに昭和十五年七月、東条が陸相になると武藤は軍務局長になり、ことごとく石原と対決し、海軍の「北守南進」策を支持して南方へ油を求め、米英豪との戦さに進み、日本を滅ぼす張本人となる。

二・二六事件の将校たちが「関東軍司令官」に推した荒木貞夫大将は、十一年三月六日付で待命となり、十二年十月、今度は陸軍でなく内閣参議となり、十三年五月、文部大臣となった。戦後の昭和四十一年十一月、九十二歳の生涯を終える。

彼は「生きた軍史家」でもあった。戦後、彼は多くの雑誌に執筆して、真相を明らかにしている。

荒木と共に、革新政府の首相に推されていた真崎甚三郎大将は、荒木と同じ日の十一年三月六日に待命、四日後に予備役に編入されて軍をクビになり、二・二六事件関係者として刑務所に収容された。

荒木と真崎は陸士九期の同級生で、二人は非長州閥として結束してきた。昭和四年七月、長州閥の宇垣が陸相になると、第一師団長に、二年後には台湾軍司令官に出される。

二・二六事件のときは陸軍参議官の一人であったが、磯部浅一が真崎に会い、瀬踏みしたことが「事前に打ち合わせした」と曲解され、以後「蹶起将校たちの背後に真崎あり」とか「真崎が仕掛けた」などと書き立てられる。また天皇は、おそらく本庄繁侍従武官長から間違った背後関係を報告されたのだろう、真崎を激怒され、遠ざけさせるという逆の事態になる。

戦後の昭和三十年、喘息《ぜんそく》に苦しむ真崎を大蔵栄一が訪問している。二・二六事件との係りをインタビューした「二・二六事件への挽歌」の中で、その時の内容を大蔵はこう記している。貴重なコメントゆえ、以下に引用する。

大蔵が「あの事件を事前にご承知だったのでしょうか」と質問すると、真崎は、「オレが知るはずはないではないか。二十六日の朝四時半か五時ごろ、亀川哲也がきて知らせてくれて初めて知ったんだがね」と言った。

大蔵は、その後の行動をこう要約する。

「八時半頃、陸軍大臣官邸に出かけた。行ってみると、川島義之陸相の顔は土色で〝生きる屍《しかばね》〟のようであった。その川島を鞭撻して青年将校とも会い、事件処理に心を砕いた。ころあいを見計らって加藤寛治海軍大将に電話し、二人で軍令部長の伏見宮殿下を訪ねる。

真崎は決行部隊の現況をつぶさに説明したのち、この混乱を速やかに収拾しなければどういうことになるか保証の限りではない、と意見を申し上げた。

加藤・真崎の両大将は、『殿下、これから急ぎ参内されて、天皇陛下に言上の上、よろしくご善処下さるようお願い申し上げます』と、いち早く天皇のご決意を維新へと導き奉らんとした。

宮殿下はご納得のうえ至急参内し、天皇にご進言申し上げたのであったが、『宮中には宮中のしきたりがある。宮から直接そのようなお言葉をきくことは、心外である』という天皇のご叱責を受けて、宮殿下は恐懼《きょうく》して引き下がらざるを得なかった」

真崎大将が宮中の東溜りの間に伺候したのは午前十一時半か十二時頃。その時の軍事参議官会議の模様を、真崎大将は大蔵栄一にこう語っている。

「軍事参議官会議を特別に開いたというわけではなかった。荒木が窓の近くで手帳に何やら書きつけていた（あとで荒木にそのことを確かめて見た。荒木は日頃手帳を持たんことにしていたので、それは何かの間違いであろう、と言っていた）。ちょうどそこに山下（奉文）と村上（啓作軍事課長）が入ってきた。荒木が二人を呼んで、なにか言いつけていた。二人は別室に退《さが》って行ったが、しばらくすると、二人が書いたものを持って帰ってきた。その紙の周囲にいっとはなく、みんな集まっていた。最初阿部（信行）が意見を述べていた。西（義一）も何か言っていたようであったが、よく覚えていない。植田（謙吉）が船筆で二、三書き込んでいた。そんなことで山下、村上の書いていた文案は、一応形がととのった。ところが、軍事参議官にはそれをどうしようにも権限がない。どうしたらいいだろうと困っているとき、ひょっこり川島大臣が入ってきた。そこで大臣の権限において、という訳で川島におっつけてしまった。これがいわゆる『大臣告示』となったのだ。したがって、宮中において、麗々《れいれい》しく軍事参議官会議が開かれたように伝えられているが、なんということはない。東久邇、朝香の両宮殿下を除いた全軍事参謀官が集まっていたので、軍事参議官会議が自然発生的にでき上がったというわけだ」

大蔵によると、喘息気味の真崎は、そこでひと息入れて続けたとある。

「川島大臣は、なにがなにやら分からぬまま、ポカンとして『大臣告示』をおっつけられてしまった。そこに香椎（浩平）がやってきて、『これはいい、なにより有難い。さっそく発表しましょう』と喜んで、警備司令部に電話するといって電話室に入って行った。オレは大事なものであるから一字一句間違えては大変だと思って、正しく伝えられるかどうか確かめるため、副官藤原少佐に命じて、香椎のあとをつけて電話室に行かせたんだ。藤原の報告には、『一字一句間違いなく電話されました』とあったので安心したのだ。あとでそれが誤り伝えられて問題となった『諸子の真意……』が『諸子の行動……』となっていたのだ。いつ誰が何処で間違えたのか、それが故意でやったのか、偶然であったのか、オレには分からん」

真崎によると、その日の宮中の空気は、やっかい者扱いだったそうである。

「お茶はもちろん昼の食事も出してもらえず、そばを注文して食べたのが午後の二時か三時ごろだった」と述懐している。

真崎は九月に不起訴となり、釈放される。体調を取り戻すと、鷺宮の相沢家を弔問した。相沢と真崎との関係を執拗に取り調べていた新井検察官は、死刑執行の前日も、真崎との関係を取り調べた。執行前日の七月二日午後三時から四時までの一時間である。新井検察官は、一般に処刑前の犯人が真相を言い残す例が多々あるということで、相沢に喰らいついて「無根の事実」を言い残させようとした。残念ながら無であった。

その時の新井検察官の職業上の訊問の態度や内容が、明日銃殺刑執行の身の相沢を憤慨させた。弁護人の菅原裕は自著の中で、「残忍の極と言うべきであろう」と嘆いている。

第十章——それぞれの朝

大佐以上は全員退任、大将クラスは待命

石原が川島陸相に進退伺いを提出して自宅に引き籠もった決定的な動機は、奉勅命令示達の不手際の責任を、自ら受けとめてのことである。「あの時にもっと早めにやっておれば……」と後悔すると同時に、政治介入しないはずの軍事参議官会議のゴタつきで、時間を空費してしまったのである。

本来、軍事参議官は天皇の諮問機関で、天皇に答える立場の審議機関である。ところが軍人事にまで口を出し、石原提案の東久邇宮または山本英輔内閣等、また板垣征四郎の陸軍大臣就任も否決されてしまった。

「課長以上は全員退任しろ」と叫んだのは、陸軍組織への抗議でもある。

それでも石原は戸塚の自宅で、広辞苑の辞書を引っぱりながら、二・二六事件後の「時局

対策」に取り組んでいた。一週間の、静かな日々を過ごす間に、彼の「昭和維新の必然性」からくる「時局対策」の下書きに入っている。

三月六日、弘前第八師団の歩兵大隊長の秩父宮雍仁《やすひと》親王が、古巣の参謀本部を訪問した。石原は事件後、

「今の将官なんか一人もいらない、部長も大佐でたくさんだ（注、部長は少将以上）」と言って家に引っ込んでいたが、作戦部長に居留を命じられ、秩父宮の訪問予定もあって、彼は急遽、出勤して、秩父宮を迎えた。

秩父宮は、部員から事件の経過と意見を聴いている。石原は思い切って、次の三つのことを提言した。

一案、今次事変の責任を負って、大佐以上は全員辞職すべきである。

二案、陸軍士官学校十五期以上（注、東条、永田らは十六期）は、全員辞職すべし。

三案、一、二案が無理ならば、せめて大将クラスは全員待命にすべし、である。

当時、作戦課の全員が、第三案には異存はなかった。

かえすがえすも、石原は叛乱四日間の混迷、なかでも「鎮圧」の奉勅命令が出た二月二十七日午前八時以降、のモタツキを残念がる。

参議官会議中というから二十六日午前九時すぎであろう。統帥部の杉山次長は石原が不在だったので作戦課の公平匡武少佐（31期）を連れて宮中に参内し、状況を天皇に奏上した。

石原も宮中に入り、杉山に断乎たる決意で臨むことを進言した。その時、参議官たちは事件処理に当たっていた。それが気に喰わず、石原は不満顔を露骨に出していた。

「参議官のおせっかいは百害あって一利なしだ。戒厳令で一挙に片づけてしまえ」と、さらに杉山次長に進言したが、杉山は動かない。

ついに石原は、参議官の会議室で、事態収拾の方法について、

「今から一時間以内に軍事参議官全部で大命を拝し、青年将校のような内閣を造ってはどうですか」と提案した。

それを聞いた荒木は、

「そんなことが出来ることではない。石原君はそれを承知でそんなことを言う」と回想している。

しかし、石原の提案どおりにやっていたら、青年将校たちの提案に近い内閣が出来ていたかも知れない。荒木が関東軍司令官に、首相には東久邇宮か山本英輔、または間違って真崎になっていたかも知れなかった。それで良かったのである。

石原が「参議官はモタモタ。百害あって一利なし」、のちに「不要」と言ったのは、着想力と行動力のなさに腹が立ったからである。彼は秩父宮に、「大将は全員が待命に」と提案しているが、肝心なときに役に立たない参議官（大将）は不要、という意味である。

こうしてモタモタしているうちに、ついに二十七日の朝を迎えた。午前八時、思い悩んだ

天皇陛下は「鎮圧せよ」の勅命を出して伝えた。こうなったら、参謀本部は統帥権の最高責任者である天皇の命令に従って、鎮圧に出なければならない。ただちに杉山は戒厳司令部を立ち上げ、二十七日午前三時四十分、警備司令部で香椎司令官を戒厳司令長官に任じ、辞令を出した。

つまり石原は、この間に、天皇に奏上して新内閣をつくり上げたかったので、「参議官全員が天皇への上奏」を提案したのである。しかし「鎮圧」の奉勅命令が出てしまっては、戒厳司令部で鎮圧に出るまでである。

心情的には、蹶起した将校たちに同情的であっただけに、無念であった。結果は悲劇に終わった。石原は、謹慎中に次の手である「時局対策」の原案に取り組んでいる。それによると、「方針」について、

「今次事件（二・二六）に関する対策の根基は、時局に対する明確なる認識を把持するに在り。即《すなわ》ち軍部は国政一新、即ち昭和維新の必然性を確認し、積極的に邁進し、以て之が先駆たるべし」と前文に書く。

安藤ら蹶起将校たちは、満州の関東軍司令官に荒木貞夫大将の起用を求めていた。彼らがなぜ荒木大将だったか、明解な理由は記録にない。荒木なら、第一師団一万の兵は、満州国の「対ソ防衛」に命を賭けられると、かすかな期待を抱いていたのかも知れない。

二・二六事件直後、「時局対策」を打って出る

しかし、そうした安藤ら将校たちと違い、日本国家造りは「対ソ戦略」「確かな満州経営」にあるとの信念に立つ石原は、具体的な対策を打ち出し、「要領」を、次のように提案する。

一、前記方針を具現する為の目標は次の如し。

㈠対ソ国防の確立。

在極東「ソ」軍の軍備の増加並びにシベリア横断鉄道輸送力の向上は、今や日満両国に対し甚大なる脅威を与えつつあり。即ち所要の兵力を大陸に増強するは、我国防上喫緊の重要事にして、之が為従い、彼我の兵力競争を惹起するも、彼の艱難多き極東経営に対し、迅速適切なる満州経営に依り「ソ」国を屈伏せしむる能はずんば、安《いづくん》んぞ我国運の発展を庶幾し得んや。須《すべから》く堂々たる経営競争を以て「ソ」軍の極東攻勢を挫折断念せしめざるべからず。蓋《けだ》し是れ昭和維新の第一歩なればなり。

㈡満州国経営の促進。

満州、特に北満に於ける生活を内地の生活に近接せしむることは、多数兵力の駐屯を容易ならしむるのみならず、我満州国経営の基礎要件たり。

即ち満州、特に北満を自然の発生に委することなく、大規模且つ計画的に、迅速なる開発を促す如く断乎実現に邁進するを要す。之が為軍人は率先未開の地に定着し、以て我大

陸発展——換言すれば昭和維新——の前衛たるべきなり。

㈢軍事教育の革新。

抑々《そもそも》昭和維新とは、西洋流の個人主義、自由主義、功利主義より全体主義、日本主義、国体主義への躍進を謂《い》ふ。

個人主義全盛時代の軍隊は、一般社会に対し甚だしく特異なる孤立的存在に過ぎざりしか、昭和維新目睫《もくしょう》に迫り、而《しか》も西洋中毒未だ醒《さ》めず、指導階級は挙げて自由主義者たる今日、軍隊は単に国防の重責を負荷するのみならず、昭和維新の為国民訓練の道場たらざるべからず。乃《すなわ》ち自ら時代の意識を明確にして、教育を根本的に革新し、其の威力に依り、青年学校、在郷軍人等を通し、全国民に昭和維新の根本的精神を体得せしめざるべからず。
二、昭和維新実行の為、軍部の取るべき手段は次の如し。
㈠下克上を排すると共に、尸位素餐《しいそさん》の徒（筆者注、漢書の「朱雲伝」に才能がなくてその位に居り、いたずらに禄を食《は》む徒ら）を斥り。

㈡軍隊関係にありては、統率上階級停年の上下新古を重んせざるべからざるも、幕僚に於いては時代に対する認識最も明らかなる者を選び、階級停長に拘泥することなく、適材適所主義を極度に発揮す。

㈢中央部業務の中核を確立し、処理の統制迅速を期す。次官、軍務局長、軍事課長並に次長（参謀本部）、第一部長、第一及び第二課長の人選に特に注意し、之を以て中核を形成す。

㈣前項の主旨に適する如く、先ず参謀本部課並に其担任業務に所要の改変を加う。

㈤制度及び諸施設に就き、所要の改新を迅速に実行す。之が為、時に朝令暮改たるも厭《いと》ふことなきを要す。

この「時局対策案」は、研究を重ねて第二課で検討した上で、三月十二日付で決定した。三から五項目の制度改革は、このあと六月までに検討に入り、後述する如く六月五日付で編成変えが行なわれる。

二・二六事件後の三月初旬、天津の支那駐屯軍への増派が急務になった。北支、内蒙の状況が変化したことによる。

これは関東軍（植田司令官）が、中央部の北支工作では生温《ぬる》く、積極的に内蒙の徳王に働きかけ、また冀東《きとう》地区に、当時日本と満州国の頤指《いし》（使）のもとにあった殷汝耕の政権地帯が出来たことなどから、満州国側の関東軍は積極的だった。

関東軍の板垣参謀長は、察東六県に無血進駐して領域拡大を行なっている内蒙の徳王を内面指導し、蒙古独占政権を支持しようと積極的に働きかけていた。

石原作戦課長は、北支工作は漸進的に進めようと考えていたが、二・二六事件前の二十一日、中国共産党が東征宣言をしたことで状況は変わる。現地軍の意見に傾くと同時に、天津駐屯軍をそのままにしておけなくなった。

なぜなら、すでに中国共産党軍の主力である彭徳懐、林彪らの二万の兵は、二月十七日に陝西から山西省に進攻していて、二十一日に東征宣言を行なっていたからである。このままでは北京、天津に雪崩《なだれ》込む可能性がある。むしろ石原は、

「すでに中国共産党の先兵は、北京に潜入している」と判断した。

一月十三日時点では「北支処理要綱」で、「内蒙工作は、その範囲を概して長城線以北に限定し、かつ東部綏遠《すいえん》、四蒙旗の地域に波及せしめざるものとす」と指示し、関東軍が傅作《ふさく》義《ぎ》軍と衝突するのを避け、「綏遠工作」を禁じていた。

ところが中共軍の東部進出である。もちろん、背後にソ連政府がいて、対日工作を命じられているのは想像するまでもない。東征宣言「今回の行動は日本軍の前線である河北に近づくものである。日本に妥協する蔣介石を打倒するためである」とある如く、すでに中共軍は河北省の北京進出を目論んでいた。

石原は天津の駐屯軍がわずか四千弱では勝ち目がないことから、一個旅団の新設を考案し、増派することにする。

三月二十五日、中共軍の河北省進出に対処するため、支那駐屯軍を増強する件を書類で天皇に伺い、歩兵二連隊、砲兵一連隊を基幹とする兵数約六千人を増派、うち主力を北京と天津に歩兵八十二大隊を派遣することにした。

これは、対ソ防衛に専念すべき関東軍が、長城線を越えて北支工作に出るのを控制《こうせい》する狙

いがあったが、逆に中国側にすれば、日本軍が増強され、中国を侵略する、と受けとめられた。

のちに石原は、天津の支那駐屯軍を増強したことについて、「天津軍の増強などという方法によらず、統帥の威力により関東軍に手を引かせるようにすればよかったろうと、責任者としての自責の念にかられる」と回想している。

西田はなぜ、石原の相沢弁護を断念したのか

仙台の幼年学校、陸士とも一期後輩の相沢三郎中佐が永田鉄山軍務局長を殺害した夜、石原は某国の公使館員の訪問を受けている。案内したのは外務省の山崎清純氏である。公使はこれからの日本の国情、軍の動静がどうなるのかをさぐりにきた。

その夜同席していた報知新聞記者の高木清寿は、この時のやりとりを聞いている。石原はその公使に、

「年令四十歳を過ぎて、妻子をも顧みず、人を殺す者がいる。こんな軍人がいる間は、日本の陸軍はまだまだ健在です」と言って、意表をついた。（高木清寿「東亜の父・石原莞爾」）

本当は困っていたのだが、石原は逆表現をして、公使の探りを躱《かわ》した。

石原を参謀本部作戦課長に起用したのは、永田鉄山説が強い。彼が林銑十郎陸相に推薦したとも言われる。おそらく永田鉄山は満州建国に向けて、石原とタッグを組む考えだったろ

うと思われる。

しかし永田は満州を朝鮮統治と同じく、総督制にする考えだったから、一国一党の協和制をとる石原とは、意見が合わず、相当やり合ったかも知れない。ただし二人とも共産国のソ連に対しては、積極的戦略主義で、国家予算の面では相当バックアップしたと思える。

皮肉なことに、石原はその永田を殺害した相沢の特別弁護人になるはずだった。石原によると、事件が起きてから間もなく、相沢から「会いたい、来てくれ」と言われて、面会に行く。

おそらく、相沢公判を控えて、特別弁護人を誰にするかを相談していた陸士三十七期の大蔵栄一、西田税、村中孝次、会津出身で陸士を中退した浪人の渋川善助の誰かが連絡役だっただろう。

この四人が相談した結果、石原莞爾を第一候補に上げた。ネームバリュー、頭のキレっぷりから、公判を有利に展開できると期待してのことである。

渋川は石原の弁護人起用の報告と了承をとるため、衛戍刑務所に相沢を訪ねた。相沢は喜んで、心秘かに期待した。おそらくその時に「石原さんに会いたい、来てほしい」と伝言したのだろう。時期としてはこの頃である。なぜなら渋川は、相沢と会う前には、まだ石原本人に打診していないからである。

相沢は石原と会うと、陸軍部内の統制を心配して長々と語った。その後、

「今後の日本陸軍には、石原さん一人しか人はいない。青年将校を石原さんに頼む。お願いする」

と頭を下げた。石原はその時、

「それが君の間違いなんだ。石原に青年将校を頼むということが間違っているんだ。君のその考え方を改造することが、今日の陸軍にとって最も重要なんだ。君の心配していることは、実はそこにこそあるべきはずなんだ。軍は天皇の統率し給うところのものだ」

と説教した。

石原のこの論調は、そのまま受けとると石原の真意を誤る。なぜなら、憲兵は相沢事件後、関係先を徹底的に調べていたからである。また、刑務所の面会所には看守も憲兵もいる。その場で「分かった、引き受けた」と言ってしまっては、石原自身が危うくなる。ここは石原流の「逆表現」に出ている。

憲兵も看守にも、頭から「それが君の間違いなんだ」、そして最後に「軍は天皇の統率し給うところのものだ」と言えば、「反相沢」と受けとめる。しかも石原は、「間違いだ」を二度も使っている。明らかに逆表現戦法である。はたして腹の底は、といえば、「二人の眼の合図」で答えが出ていただろう。

石原は相沢に、引き受けたと約束する。それも、軍職をやめ、一身を賭して弁護に当たろうと決心していた。

石原は高木に語っている。

「陸軍部内の軍閥を片っ端しから全部えぐり出して、大手術をやり、真の皇軍に建て直す決心だったのだ。あのとき、俺が軍職をやめて相沢の弁護に当たっていたら、二・二六事件など起こらなかった」と、悔やんだ。

だが、渋川のミスジャッジで、石原の弁護は取り止めになる。そのいきさつは四者協議に出ていた大蔵栄一大尉の『二・二六事件への挽歌』の中に出てくる。重複するが、大蔵はこう記している。

「ところがある日、渋川が打ち合わせのため石原大佐を訪問した。その渋川が帰ってきてから事態は一変した。石原大佐は特別弁護人として不適当のような気がします。渋川の顔には怒気が含まれていた」

三人のやりとりは続く。

西田が、「どういうわけだ」と渋川に聞くと、渋川は石原が言ったことを伝える。渋川が答える。

「相沢の弁護は大いにやるつもりだ。だが、相沢の悪い点は徹底的にやっつけてやるつもりだ、と石原はいうんです。これではなんぼなんでも、適当な弁護人とは思えません」

この夜、三人で協議した結果、「やはり不適当だ」ということになり、代わりに富永良男中佐、満井佐吉中佐の名前が出る。満井は陸大教官で、その前は参謀本部にいて、真崎、荒木に通じる皇道派の軍人である。

結局、ネームバリューから、満井中佐に決定した。

大蔵は満井決定について、「満井中佐は待ってましたとばかり、二つ返事で承知した。だが私らには少々物足らぬ感じがないではなかった。相沢中佐も、またこの交代に対して、別に異議はとなえなかったが、割り切れない気持のあったことは否定できなかったようだ」

渋川は、石原の「逆表現」の意味が読めなかったのだろう。石原と長く付き合っている人は「また出た」と読みとれるが、一、二度会った人では、百パーセント、表現のまま受けとめている。

しかし、場所が参謀本部の作戦課長室となれば、会話は外に漏れるわけで、相沢に同情する表現こそ、避けねばならない。状況としては、むしろ「相沢の奴を徹底的にこらしめてやる」ぐらいの表現で通すほかなかっただろう。

ところが渋川は、陸士中退、浪人の身という劣等感もあってか、まともに受けとめ、しかも太い声でまくし立てられては、腹も立っただろうし、「こんな奴に頼むと公判は負ける」と這々《ほうほう》の体で退散したと想像される。

その後、石原のところに、弁護の断わりに現われた者がいる。石原によると、「真崎の関係者が来て、弁護人の依頼を取りやめる、と申し入れて来た」とある。

相沢、処刑前日の石原との会話

石原は、相沢が弁護を取り消すと言われたことに、理解できずにいた。かといって、相沢になぜなんだ、と問い質《ただ》す理由もない。

二・二六事件が起きたとき、石原は、「オレが弁護をしていたら、将校たちは蹶起しなかったのに」と、激しく後悔したが、石原の将校たちへの思いは、二十六日のモタモタする軍事参議官会議の席で放った、

「参議官の皆さんで大命を拝されて、青年将校たちの内閣をつくられたらどうですか」に読みとれる。

石原が最後に相沢と会ったのは、銃殺処刑の前日である。相沢からの手紙が着く。それは「至急衛戍刑務へ来てくれ」との内容である。石原は処刑前日の七月二日、刑務所の相沢と会う。驚いたことに、相沢はいきなり、

「石原さんに弁護して頂きたかった。それが唯一の願いであった。それなのに、なぜ弁護してくれなかったのですか」と尋ねた。

石原は唖然とした。

「なんだ君、君から代理人をよこして弁護を断わって来たではないか！」

すると相沢は、驚いた顔をして、

「イヤ、お断わりした覚えはないです。代理人などを差し上げたこともないです」と言った。

石原によると、「すぐそのあと、相沢は策動した人物が何者であるかは直ぐに察したらしく、石原さん、聞いて下さい」と続ける。

「私が事件を起こす前までは、私に向かって何かと軍の不統一を憂い、国事を憂い、真実らしいことを言っていた偉い人たちがいましたが、私が事件を起こしてから後は、用事もあり、話したいこともあるので、手紙を何回差し上げても、面会はおろか、返事もくれない。こうして面会に来てくれる人は、石原さんただ一人です」

石原は、明日処刑される相沢の心境を掻き乱したくないと思い、参謀本部の話に切りかえた。

「相沢君、この前、君に会ったときは、君から長々と話を聞かされたから、今度は石原が話をしよう。君が事件を起こした日、石原は参謀本部に初めて赴任した日だった。参謀本部に来て驚いたことは、対ソ兵備がまったくできていなくて、北満はガラ空きであった。ところが君が事件を起こした日から、不思議に軍部内の輿論が対ソ兵備充実に向かって来て、今ではどうやら最小限度の対ソ兵備が出来た」

石原がそこまで言うと、相沢は、

「ありがとう。相沢はこれで安心して死ねます」と言って、男泣きに泣いてしまった。

以上は、石原が高木清寿に語った相沢処刑前日の会話である。

しかし、相沢から石原への苦言もあった。それは、二・二六事件で中断していた相沢公判が再開された四月二十三日の第十二回公判での陳述である。

この日は陸軍の不祥事を並べて陳述する。

一、田中大将の三百万円事件があったが、事実を隠蔽して問題は却下されたこと。

二、宇垣大将が三月事件を起こされたが、これも闇から闇へ葬られたこと。

三、十月事件も同様である。私も十月事件には隊を離れて上京しようとしましたが、それは青森において東郷元帥が某宮様を奉じて起たれたという情報が入ったので、事情を誤認した過失でありました。

そして皇軍について、「皇軍の上層部の人が真に懺悔さえしてくれるなら、日本の国家は滅びません。尊皇絶対は理屈でなく信仰であります。理屈はいくら並べても売薬の効能と同じで、効果はありません。信仰は自らの発心を必要とします。中心より湧き出づる勇猛心が出ます」

このあと、石原について述べる。

「石原大佐は非凡で私心もありません。しかし、機関説を奉じ尊皇絶対でありません。ヒットラーやムッソリーニのような心では駄目です。ここが大切なところです。己れが己れがという思想では結局、失敗します」

はたして石原は、この忠告を知っていたかどうか。

強力、迅速な参謀本部編成改正

相沢は長男正彦に、「陛下の御使いとして、神の御側に参ります」など、関係者に遺書を残している。石原には六月二十五日、封書で送っている。石原が仙台の高木を見舞いに行ったのが二十九日の夜行で、七月一日に仙台につき、相沢からの手紙が届いていたので、その日の夜に発ち、七月二日、獄中の相沢に会っている。その手紙の遺書である。

冠省私考之左に申上度存候。

一、人生意議の確立、神を信仰。

二、人生目的の統一、神への奉仕。

三、尊皇絶対、人生活動の根源。

四、尊皇絶対の無窮、向上の創造、宗教、哲学、道徳、倫理、法律、その他科学進化の根底、確立と実践。

五、天御中主大神を祭り奉る昭和大神宮を御造営遊ばさること。

六、御完成大祭と同時に、世界人類に宣布せらるる如き大詔御渙発を仰ぎ奉りたきこと。

七、世界人類に活動の根底を明に御示し下さるべき憲法、法律の御発布を仰ぎ奉りたきこと。

昭和の大業御完成に世界人類の凡ゆる叡知を絞って翼賛し奉る如く、殊に輔弼《ほひつ》の重責にあらるる御方は高邁絶対なる努力を捧げらるる如く、連時協力決心なさし度く御進言をなし下され度く存候。

勿論一私見に過ぎざるものに御座候も、奉公の微衷のみに御座候間御了承被下度奉悃願上候。

拝具

同じ項目を、弁護人の角岡知良、戦後東京弁護士会会長となる菅原裕（「相沢中佐事件の真相」の筆者）にも、六月三十日付で送っている。そこには「今後御国を良くする案で御座います」と前書きしている。

石原にも、同じ思いで遺書を書いて郵送したのだろう。

――七月三日午前五時、東京衛戍刑務所内において、相沢三郎中佐の銃殺刑が執行された。それから二日後に、二・二六事件の元将校たちに死刑の判決が言い渡された。石原に弁護を頼みに来た渋川善助も、謀議参与・群衆指揮で死刑が言い渡された。

十七名の蹶起将校たちの処刑は、七月三日午前七時から三回にわたって行なわれた。石原はこの朝、早めに参謀本部に入り、作戦課長室の窓を開けて風を入れていた。ちょうど七時である。代々木の方で激しく空砲が上がった。そのうちに、バリバリという音を耳にして、合掌した。そして日蓮信者らしく、低い声で「南無妙法蓮華経」のお題目を唱えた。

それはまた、将校たちへの思いやりであり、石原自身の「国造り」の決意でもあった。

石原は相沢事件から二・二六事件の将校たちの軍法会議、十月三日の銃殺処刑の日まで、次々に陸軍としての国策に手を打った。二・二六事件後の「時局対策」方針の決定であり、同時に関東軍の参謀副長に赴任した今村均少将への「満州国建国の方針」（三月）の提案である。

今村への手紙には、日本、支那、朝鮮、満州、蒙古の五族の共同防衛、共同経済は天皇の統制下に、行政は各単位で行なうこと、満州国は日支鮮三民族の共有共存地域にして、民族協和を、その基本方針とすること、を強調している。

満州国の防衛のため、満州の青年で満州国軍を建設し、国防負担金は満州国軍不信用のため、金より人を活用する。軍事費は充分に使用し、将兵の手当を充分ならしめる。

満州国の政治経済のため、学閥の打破、統制経済を行なうこと、国策として未墾地を提供して地割りを行なうべく、日本国は人と金を準備し速やかに決行する──などを提案する。

二・二六事件後の石原の行動の中で突出しているのは、中央部首脳の人事と参謀本部の編成改正である。

参謀本部編成改正では、彼が初めて参謀本部に入って気づいたことを実施に移した。現在の組織では統制がとれず、連帯のための業務が渋滞し、迅速性に欠けていた。なんとかして、この弊害を除去しようと考えた。それにはまず「中核」を確立する必要があった。

石原は三月二十日付で、新たに「戦争指導課」を設置し、現在、各部課が担任している国策や政策に関する事項等を、新設の作戦指導課に、作戦計画を中心とする用兵・軍備に関する業務を作戦課に集約し、この両課の上に第一部を置く、との案である。

したがって一部の作戦指導課は、戦争指導、国策政策、それに陸軍省から調査班を移して調査業務を担当。作戦課は用兵、作戦計画、兵站《へいたん》を担当する作戦班。編成、動員、資材等を担当する兵備班。なお、編成、動員の主管を陸軍省に移す。制度、条項、教育班の三つを作戦課が担当するため、強力で迅速な運営が可能になる。

全体の部は総務、第一から第四部制とし、二部は欧米課・ロシア課・支那課の情報部、第三部は交通・通信・防衛課の三課で、従来の三課の業務の大部分を防衛課に移す。第四部は演習を総務部の庶務課に、戦史は大学校に、教育総監部を廃止した場合は、参謀本部内に教育部を置く、という、天皇から各課まで、統帥権を迅速に伝達できるシステムを起案した。

日本陸軍史上初の大編成は、六月五日付で一部修正されて実施される。新しい編成は、従来の総務部にあった第一課と第一部の第二課（課長石原、作戦・航空・兵站を含む）とを合わせて新たに第三課とし、課長には従来の第一課長の清水規矩大佐（23期）が、新しく戦争指導と情勢判断を主務とする第二課長にはそのまま石原（21期）が就任した。従来の三課（防衛）は第四課となり、二、三、四課で第一部を構成した。部長はそのまま桑木崇明少将（16期）で、部長の統括下に入る。

なお従来第二部（情報）の重要な業務である「情勢判断」を、新設の二課に移した。人員は第二部から移すため、第二部から反対される。しかし石原は、迅速な措置をとるために第一部二課にあるのが、のぞましいと強行した。

ただし、第二部の業務を円滑に推進するため第二部、三部の班長を第二課兼務とした。

石原二課長「日満重要産業五ヵ年計画」を急ぐ

石原大佐が陸軍史上初の「戦争指導課」という課を新設し、自ら兼務した狙いは、国力の充実と軍備の強化のためである。その一つが「日満重要産業五ヵ年計画」構想である。結論から言えば、経済面で満州を開拓し、重工業を育成して、満州と日本の軍備を強化するにあった。

まだ日本は小国である。国連を脱退して以来、国際的に孤立していた。国際間の発言権もない。満州では、極東ソ連軍が強烈に軍備を強化していた。日ソの比率は、師団数だけでも日本軍はソ連の三分の一にすぎない。飛行機数は二十三パーセント、戦車数は十八パーセントである。

石原はせめて対ソ比率で八割までは維持したい。それで五分五分の戦いが出来る。しかし政府は予算がないと言って、見込みはない。

石原はそれでも、陸軍の立場を貫いた。十一年に入って間もない頃で、在満兵備の増加を要望したところ、ちょうど満州国の財務局次長が上京し、大蔵省の局長が日本の財政を説明したいので同席を求められた。一度は「私はその必要はない」と断わった。ところが、「国防につき出来るだけのことを承りたい」というので、会場先の山王ホテルに出かけた。

　このホテルは二・二六事件で、歩三の安藤輝三中隊長が隊員の前で拳銃自決したホテルである。

　行ってみると、大蔵省の三羽烏と言われた加屋、石渡、青木の三名がいる。賀屋興宣理財局長は日本の財政事情を説明する。無い袖は振れない、との意味である。

石原は国防上の立場で説明した。石原が話し終わると、「現在の日本の財政では無理がある。無い袖は振られぬ」と抗議調に出てきた。そこで石原は、

「私ども軍人には、明治天皇から『世論に惑わず、政治に拘《かかわ》らず只々一途に己が本分を尽くす』べきお諭《さと》しがある。財政がどうであろうと、皆様がお困りであろうと、国防上必要最小限のことは断乎として要求する」

　と返答して辞去している。

　後日この時のことを、石原は参謀二課の課員たちに、

「世の中には一種の駆け引きのように考える向きもあったが、断じてそんなことはあり得ない。苟《いやし》くも軍人がご勅諭を駆け引きに用うることがありえるだろうか。世はいよいよ国防国家の必要を痛感してきた。国防国家とは軍人の見地から言えば、軍人が作戦以外のことに少しも心配しなくともよい状態であることで、軍としてはもっとも明確に国家に対して軍事上

の要求を提示しなければならない」と話している。

しかし石原は、満州の重工業を育てることで、経済・軍備を自給自足することに切りかえる。それが「日満重要産業五ヵ年計画」である。

参謀本部では石原の戦争指導課が担当した。兵力運用など軍事的行動を指導することではなく、大局的見地から国防問題を研究立案し、各方面に滲透させるもので、具体的には重工業を育成し、鉄鉱、マンガン、アルミニュームなど軍需産業用の資源を活かし、重工業を育成して満州で自動車、鉄道、飛行機を製造するというものである。

石原が日産自動車の鮎川義介を口説いて満州への進出を持ちかけたのは、第二課長時代である。条件として満鉄が持つ重工業を鮎川に譲り、満鉄は鉄道運営だけにするという満州の国策に切り換えて行く。

目的達成のため、少なくとも十年間は不戦で、その間に国力をつけるという石原の発想である。

新設された二課員は、石原が出来る者を選んだ。寺田雅雄中佐（29期）を中心に、高嶋辰彦少佐（30期）、遅れて今田新太郎少佐の三名でスタートした。

この三人には、十一年八月までと、八月以降になすべき業務計画を決めて取り組む（要約）。

㈠八月までに。
1、対ソ戦争より開始せらるる場合を基礎とする戦争指導計画大綱の樹立。

2、第一次ご進講の大綱決定並びにご親裁兵棋の実行に関する事項。

〔註〕「第一次進講」とは、参謀次長が天皇に月一回、軍事について進講することになっている。「親裁兵棋」は国防国策を天皇の裁決で決定するので、その実現を期する準備のことである。

㈡八月以降の業務。

1、戦争指導計画の完成。

2、戦争指導計画の大綱を基礎とし、戦争準備のため必要なる国内改革に関する具体案。

3、国防上の見地よりする満州国建設に関する基本方針の確立。

4、国防国策決定のための所要の調査。

5、情勢判断の改訂。

石原は、これまでの軽工業ではとても軍需品は産み出せないので、軽工業から鉄工業など重工業へ転換を図り、国内の自由経済を統制経済に切り換えようと考え、何よりもここから取り組むことを最優先した。

シンクタンクの宮崎機関は、そのために多くの資料を作成した。その中には満州の食料調達のための開拓に、日本からの移住者を受け入れる計画もある。

宮崎機関（日満財政経済研究会）は十一年六月に、第一次の基礎案を完成させた。この資料は、兵備充実の基礎となるべき「生産拡充計画」で、五年計画を二回実施し、戦争準備に専念しようとした。

陸軍省は昭和十七年度までに約四十個師団、飛行隊百四十中隊、及び諸部隊を整備する方針を立てた。なかでも参謀本部の石原は、在満戦備の充実と航空軍備の拡充強化を決める。その結果、十七年度までに、在満師団は常設で二十七個師団、特設師団十四、合計四十一個師団、航空機百四十二中隊を目標とした。

石原は次々に打って出る。

十一年六月二十日には、満州国に「対ソ戦争準備重要事項」を要望した。その中には満州国の独立能力を高めることで、関東軍の政治介入、経済指導を少なくし、戦争のため満州における産業の飛躍的発展を要望して、北満に日本農民の移住を急がせている。

五月に北満に駐留した東京第一師団（師団長堀丈夫中将）歩一、歩三の連隊長や将校、下士官たちは、こうした石原作戦課長が次々に満州経営対策を打ち出したことを、どう思っただろうか。少なくとも、満州国は健全になり、経済的にも活況を呈したはずで、まずは安心して駐屯できたであろう。

二・二六事件は、石原に、「日満重要産業五ヵ年計画」を急がせたことは否定できない。そのために、参謀本部に、陸軍史上初の「戦争指導課」という、政府に代わって満州を開発する集団が生まれたのも事実である。

あとがき

二・二六事件が起きたとき、石原莞爾大佐は参謀本部作戦課に就任して半年たったところだった。軍備を整えるため、国防国策案をつくり、満州の開発と経営に取り組んでいた。「不戦十年」で国力をつくり、世界に五分五分で臨む国家づくりのプロジェクトに立ち上がっていた。

そのさなかの、近衛師団、第一師団の歩一、歩三連隊の青年将校による二・二六事件が起きる。石原は天皇の統帥を司る参謀本部作戦課長の参謀である。彼は青年将校たちに、心情的には同情していた一人だった。だから、早く解決したかったのである。

二十六日朝、宮中での陸軍参議官（大将）の席では、「参議官の全員で大命を拝して、青年将校たちの内閣をつくられてはどうですか」と提案した。だが、ご老体たちはモタモタするだけで、動かなかった。陸相の告示文を発表し、かえって将校たちを迷わせた。

天皇は翌朝まで待ったが、ついに二十七日朝、「鎮圧」の勅令を出した。天皇がぎりぎりまで待った結論である。その時から、石原は天皇の勅令に従い鎮圧に出る。石原の行動は、何も知らされないでいた初年兵や下士官たちの身を案じてのことである。初年兵や下士官たちは、雪のなか、二夜を過ごしていて、限界にあった。石原は兵隊たちの身を案じ、「軍旗の下へ集まれ」と、兵たちに告げて鎮圧に出た。

ここでは、石原莞爾大佐の目から見た二・二六事件とその前後を取り上げた。

筆者

文庫版あとがき――海軍は事件七日前から知っていた

二・二六事件七日前の二月十九日、海軍は、陸軍の第一師団蹶起将校グループに参加させていた島崎中佐、板谷大尉、井口大尉その他二・三名らから情報をとっていた。これらの人物名が、東京憲兵隊から海軍次官に伝えられていたことが、「二・二六事件関係書類（情報）」で明らかにされている。

この関係書類六冊は、終戦時の軍令部第一部長富岡定俊男爵が戦後GHQに接収されるのを嫌って秘かに持ち出していたものである。この書類からは、事件数日前に、海軍は陸軍の憲兵隊・特高・内務省筋より確かな情報を入手していたことが分かる。海軍の五・六名の将校の名前もある。

しかしこれら海軍の将校たちは、蹶起する第一・第三連隊と行動せず、いつの間にか姿を消していたところから「海軍のワナだったのか」とまで言われるようになった。

不可解な行動は、それら将校を把握する横須賀鎮守府の米内光政長官が、二十五日夜に新橋の料亭に寝泊まりしていたことである。さらには海軍次官が事件七日前に、海軍将校も加わっていることを東京憲兵隊長から知らされていたにもかかわらず、五・六名の将校たちをそのままにしていたこと。及び海軍は日時・主要な襲撃先を知っていながら、蹶起グループの計画を事前に海軍次官から陸相及び陸軍参謀総長に伝えなく黙視したことである。

同じ二月十九日、海軍省法務局も、麹町憲兵分隊長から、海軍次官に知らされた同じ情報を受けていた。こちらも、海軍将校を取り締まった様子ではない。その中には、襲撃目標となる岡田首相・齋藤実内府・高橋是清・鈴木貫太郎らの名前も明らかにされていた。海軍のOB三人が標的にされているにも拘《かかわ》らず、海軍は事前にストップをかけなかったことが明るみになる。海軍内部にも陸軍同様、派閥があったのか、なぜか止めに出ないでいる。

二・二六事件計画を事前に止めることが出来るのは軍令部総長の伏見宮と海相と大角岑生《みねお》である。天皇に上奏しておれば川島義之陸相に伝わり、事前に鎮圧できたはずである。

ただ伏見宮は二月二十四日、溺愛していた次女の敦子女王（二十八歳）を亡くし、ショックの余りに軍令部総長を降りる心境にあった。蹶起計画を知らぬ加藤寛治大将・小笠原長生中将は、慰留するため伏見宮に付きっきりだった。

事前に予知していながら、海軍は陸軍蹶起計画を天皇に伝えなかった事実は否定できない。もしも天皇に届いていていたら、蹶起計画が明るみになり、事前に鎮圧できたはずである。

当事者である米内が横須賀の長官邸にいなかったことは、いかなる理由にせよ、不可解なことである。横鎮の緊急会議は八時に始まるが、米内は遅れて顔を出したというから、ますます不可解である。

ちなみに、こうした海軍の失態が明るみに出てはまずいためか、海軍はみずから調査してまとめた「二・二六事件関係書類」という極秘文書を、闇に葬っていた。

この二・二六事件で、新人陸軍参謀作戦課長の石原莞爾大佐は、スタートしたばかりの「日満重要産業計画」が大幅にずれ込み、ついには川島陸相に進退伺いを出して一週間、家に籠った。

海軍が事前に天皇へ知らせていたら、重臣暗殺もなく、尊い将校たちの命も救えたろうと思うと、今もって海軍のズルさに、憤りを覚える。

早瀬利之

単行本　平成二十八年四月「石原莞爾と二・二六事件」改題　潮書房光人社刊

NF文庫

石原莞爾が見た二・二六
二〇二二年三月二十四日　第一刷発行
著　者　早瀬利之
発行者　皆川豪志
発行所　株式会社　潮書房光人新社
〒100-8077　東京都千代田区大手町一-七-二
電話／〇三-六二八一-九八九一㈹
印刷・製本　凸版印刷株式会社
定価はカバーに表示してあります
乱丁・落丁のものはお取りかえ
致します。本文は中性紙を使用
ISBN978-4-7698-3255-3　C0195
http://www.kojinsha.co.jp

NF文庫

刊行のことば

第二次世界大戦の戦火が熄《や》んで五〇年——その間、小社は夥しい数の戦争の記録を渉猟し、発掘し、常に公正なる立場を貫いて書誌とし、大方の絶讃を博して今日に及ぶが、その源は、散華された世代への熱き思い入れであり、同時に、その記録を誌して平和の礎とし、後世に伝えんとするにある。

　小社の出版物は、戦記、伝記、文学、エッセイ、写真集、その他、すでに一、〇〇〇点を越え、加えて戦後五〇年になんなんとするを契機として、「光人社NF（ノンフィクション）文庫」を創刊して、読者諸賢の熱烈要望におこたえする次第である。人生のバイブルとして、心弱きときの活性の糧《かて》として、散華の世代からの感動の肉声に、あなたもぜひ、耳を傾けて下さい。

＊潮書房光人新社が贈る勇気と感動を伝える人生のバイブル＊

NF文庫

写真 太平洋戦争 全10巻 〈全巻完結〉
「丸」編集部編
日米の戦闘を綴る激動の写真昭和史――雑誌「丸」が四十数年にわたって収集した極秘フィルムで構築した太平洋戦争の全記録。

第一次大戦 日独兵器の研究
佐山二郎
計画・指導ともに周到であった青島要塞攻略における日本軍。軍事技術から戦後処理まで日本とドイツの戦いを幅ひろく捉える。

騙す国家の外交術
杉山徹宗
中国、ドイツ、アメリカ、ロシア、イギリス
卑怯、卑劣、裏切り…何でもありの国際外交の現実。国益のためなら正義なんて何のその、交渉術にうとい日本人のための一冊。

石原莞爾が見た二・二六
早瀬利之
石原陸軍大佐は蹶起した反乱軍をいかに鎮圧しようとしたのか。凄まじい気迫をもって反乱を終息へと導いたその気概をえがく。

下士官たちの戦艦大和
小板橋孝策
巨大戦艦を支えた若者たちの戦い！ 太平洋戦争で全海軍の九四パーセントを占める下士官・兵たちの壮絶なる戦いぶりを綴る。

帝国陸海軍 人事の闇
藤井非三四
戦争という苛酷な現象に対応しなければならない軍隊の〝人事〟とは？ 複雑な日本軍の人事施策に迫り、その実情を綴る異色作。

潮書房光人新社が贈る勇気と感動を伝える人生のバイブル

NF文庫

幻のジェット戦闘機「橘花」
屋口正一

昼夜を分かたず開発に没頭し、最新の航空技術力を結集して誕生した国産ジェット第一号機の知られざる開発秘話とメカニズム。

軽巡海戦史
松田源吾ほか

駆逐艦群を率いて突撃した戦隊旗艦の奮戦！　高速、強武装を誇った全二五隻の航跡をたどり、ライトクルーザーの激闘を綴る。

ハイラル国境守備隊顚末記　関東軍戦記
「丸」編集部編

ソ連軍の侵攻、無条件降伏、シベリヤ抑留——歴史の激流に翻弄された男たちの人間ドキュメント。悲しきサムライたちの慟哭。

日本の水上機
野原　茂

海軍航空揺籃期の主役——艦隊決戦思想とともに発達、主力艦の補助戦力として重責を担った水上機の系譜。マニア垂涎の一冊。

日中戦争　日本人諜報員の闘い
吉田東祐

近衛文麿の特使として、日本と中国の間に和平交渉の橋をかけようと尽瘁、諜報の闇と外交の光を行き交った風雲児が語る回想。

立教高等女学校の戦争
神野正美

ある日、学校にやってきた海軍「水路部」。礼拝も学業も奪われ、極秘の作業に動員された女学生たち。戦争と人間秘話を伝える。

＊潮書房光人新社が贈る勇気と感動を伝える人生のバイブル＊

ＮＦ文庫

駆逐艦「野分」物語　若き航海長の太平洋海戦記
佐藤清夫
駆逐艦乗りになりたい！　戦艦「大和」の艦長松田千秋大佐に直訴し、大艦を下りて〝車曳き〟となった若き海軍士官の回想を描く。

B－29を撃墜した「隼」　関利雄軍曹の戦争
久山　忍
南方戦線で防空戦に奮闘し、戦争末期に米重爆B－29、B－24の単独撃墜を記録した、若きパイロットの知られざる戦いを描く。

海防艦激闘記
隈部五夫ほか
護衛艦艇の切り札として登場した精鋭たちの発達変遷の全貌と苛烈なる戦場の実相！　輸送船団の守護神たちの性能実力を描く。

カンルーバン収容所　最悪の戦場残置部隊ルソン戦記
山中　明
「生キテ虜囚ノ辱シメヲ受ケズ」との戦陣訓に縛られた日本将兵は戦い敗れた後、望郷の思いの中でいかなる日々を過ごしたのか。

空母雷撃隊　艦攻搭乗員の太平洋海空戦記
金沢秀利
真珠湾から南太平洋海戦まで空戦場裡を飛びつづけ、不時着水で一命をとりとめた予科練搭乗員が綴る熾烈なる雷爆撃行の真実。

戦艦「大和」レイテ沖の七日間　「大和」艦載機偵察員の戦場報告
岩佐二郎
世紀の日米海戦に臨み、若き学徒兵は何を見たのか。「大和」飛行科の予備士官が目撃した熾烈な戦いと、その七日間の全日録。

＊潮書房光人新社が贈る勇気と感動を伝える人生のバイブル＊

NF文庫

提督吉田善吾　日米の激流に逆らう最後の砦
実松　譲
敢然と三国同盟に反対しつつ、病魔に倒れた悲劇の海軍大臣。米内光政、山本五十六に続く海軍きっての良識の軍人の生涯とは。

「鉄砲」撃って100！
かのよしのり
世界をめぐり歩いてトリガーを引きまくった著者が語る、魅惑のガン・ワールド！　自衛隊で装備品研究に携わったプロが綴る。

戦場を飛ぶ　空に印された人と乗機のキャリア
渡辺洋二
太平洋戦争の渦中で、陸軍の空中勤務者、海軍の搭乗員を中心に航空部隊関係者はいかに考え、どのように戦いに加わったのか。

通信隊長のニューギニア戦線　ニューギニア戦記
「丸」編集部編
阿鼻叫喚の瘴癘の地に転進をかさね、精根つき果てるまで戦いをくりひろげた奇蹟の戦士たちの姿を綴る。表題作の他4編収載。

パイロット一代　気骨の戦闘機乗り深牧安生の航跡
岩崎嘉秋
太平洋戦争までは戦闘機搭乗員として一三年、戦後はヘリ操縦士として三四年。大空ひとすじに生きた男の波瀾の生き様を辿る。

海軍航空隊
橋本敏男ほか
紫電・紫電改の松山三四三空や雷電・月光の厚木三〇二空など勇名を馳せた海軍航空基地の息吹きを戦場の実情とともに伝える。

＊潮書房光人新社が贈る勇気と感動を伝える人生のバイブル＊

ＮＦ文庫

日本の飛行艇
野原　茂
日本航空技術の結晶〝フライング・ボート〟の魅力にせまる。めざましい発達を遂げた超大型機の変遷とメカニズムを徹底研究。

零戦搭乗員空戦記
坂井三郎ほか
乱世を生きた男たちの哲学
圧倒的な敵と戦うゼロファイターは未来を予測した。零戦と共に戦った男たちが勝つための戦法を創り出して実践した空戦秘録。

スナイパー入門
かのよしのり
銃の取り扱いから狩猟まで
めざせスゴ腕の狙撃兵。気分はまさに戦場。獲物の痕跡を辿って追いつめ会心の一撃を発射する。シューティング・マニュアル。

陸自会計隊　昇任試験大作戦！
シロハト桜
陸自に入って4年目を迎えたシロハト士長――陸曹昇任試験に向け会計隊を挙げての猛特訓が始まった。女性自衛官の成長物語。

第二次大戦　残存艦船の戦後
大内建二
生き残った150隻の行方
終戦時、大半が失われていた帝国海軍の主力艦や日本の商船。難を逃れた一握りの船のその後の結末はいかなるものだったのか。

伊号第一〇潜水艦　針路西へ！
「丸」編集部編
潜水艦戦記
炸裂する爆雷、圧潰の脅威に打ち勝つ不屈のどん亀乗り魂。海底ふかく〝鋼鉄の柩〟に青春を賭した秘められたる水中血戦記録。

＊潮書房光人新社が贈る勇気と感動を伝える人生のバイブル＊

NF文庫

大空のサムライ　正・続
坂井三郎
出撃すること二百余回——みごと己れ自身に勝ち抜いた日本のエース・坂井が描き上げた零戦と空戦に青春を賭けた強者の記録。

紫電改の六機　若き撃墜王と列機の生涯
碇　義朗
本土防空の尖兵となって散った若者たちを描いたベストセラー。新鋭機を駆って戦い抜いた三四三空の六人の空の男たちの物語。

連合艦隊の栄光　太平洋海戦史
伊藤正徳
第一級ジャーナリストが晩年八年間の歳月を費やし、残り火の全てを燃焼させて執筆した白眉の〝伊藤戦史〟の掉尾を飾る感動作。

英霊の絶叫　玉砕島アンガウル戦記
舩坂　弘
全員決死隊となり、玉砕の覚悟をもって本島を死守せよ——周囲わずか四キロの島に展開された壮絶なる戦い。序・三島由紀夫。

『雪風ハ沈マズ』　強運駆逐艦 栄光の生涯
豊田　穣
直木賞作家が描く迫真の海戦記！　艦長と乗員が織りなす絶対の信頼と苦難に耐え抜いて勝ち続けた不沈艦の奇蹟の戦いを綴る。

沖縄　日米最後の戦闘
米国陸軍省編
外間正四郎訳
悲劇の戦場、90日間の戦いのすべて——米国陸軍省が内外の資料を網羅して築きあげた沖縄戦史の決定版。図版・写真多数収載。